AF497797

CATALOGUE

DE LA LIBRAIRIE

DE HAUT-COEUR ET GAYET JEUNE,

RUE DAUPHINE, N° 20,

A PARIS,

DIVISION DU CATALOGUE.

PRIX DES RELIURES.

In-4.

Basane.............. 2 f. 5o c.
Basane fil............ 3
Veau fil.............. 4   5o
Veau d. s. t.......... 6

In-8.

Basane.............. 1 f. 25 c.
Basane fil............ 1   5o
Veau fil.............. 2   5o
Veau d. s. t.......... 3   5o

In-12.

Basane. .... 75 c.
Basane fil............ 9o
Basane d. s. t. fil...... 1 f. 5o
Veau d. s. t.......... 2   5o
Mouton maroq........ 4
Maroquin............ 4   5o

In-18.

Basane............... 6o c.
Basane fil............ 75
Basane d. s. t. fil...... 1 f. 20
Veau d. s. t.......... 1   6o
Mouton maroq........ 2   5o
Maroquin............ 3

In-24.

Basane.............. 45 c.
Basane fil............ 55
Veau d. s. t.......... 1 f. 25
Mouton maroq........ 2
Maroquin............ 2   5o
Gros in-24. basane..... 5o

In-32.

Basane............... 4o c.
Veau d. s. t.......... 1 f. 1o
Mouton maroq........ 1   6o
Maroquin............ 2

CATALOGUE de HAUT-COEUR et GAYET jeune,
Libraires, rue Dauphine, n° 20, à Paris.

M

Nous avons l'honneur de vous adresser le Catalogue de notre Librairie, dont les articles sont établis à des prix nets, très modérés. Pour jouir de ces prix, les demandes devront nous être adressées directement, et non par la voie de libraires à Paris ; cette condition est de rigueur.

Nous vous accorderons les termes de payemens suivans, *date de l'expédition*, savoir : pour les demandes de 200 à 300 fr., six mois ; pour celles de 400 fr., six et huit mois ; pour celles de 600 fr. et au-dessus, huit et dix mois.

Vous voudrez bien nous adresser vos billets pour le montant de nos envois aussitôt après leur réception, *faute de quoi nous ferons des traites sur vous pour nous en tenir lieu.*

S'il vous convient mieux de payer comptant en papier sur Paris, vous obtiendrez l'escompte de 10 pour 100.

Les reliures, les articles de commissions, les caisses et emballages en toile neuve se payent comptant.

Nous espérons que vous voudrez bien nous favoriser de vos ordres ; l'expérience acquise par quinze années de voyage vous est un sûr garant que nous ne négligerons rien pour vous satisfaire.

Nous avons l'honneur de vous saluer.

HAUT-COEUR et GAYET JEUNE.

SOUS PRESSE.

NOUVELLES LEÇONS FRANÇAISES DE LITTÉRATURE ET DE MORALE, contenant : 1°. Un Traité élémentaire de Rhétorique et de Versification, suivi de l'Art poétique de Boileau ; 2°. Les plus beaux Morceaux de la Langue, tant en prose qu'en vers, avec des notes ; 3°. Un choix de Maximes et de Pensées extraites des meilleurs auteurs français, etc ; par *A. H. Lemonnier*, avocat à la Cour royale de Paris : belle édition imprimée par M. *Crapelet*, sur papier superfin. 2 vol. in-8.   9 f. p. 12 f.

— LE MÊME OUVRAGE, 2 gros vol. in-12.   5 f. p. 7 f.

Les *Leçons françaises de Littérature et de Morale*, par MM. *Noël* et de *La Place*, et les *Études de Littérature*, publiées par M. *Lebrun de Charmettes*, forment sans doute deux ouvrages fort estimables, et dont l'utilité est justement appréciée ; cependant on ne saurait disconvenir qu'ils ne laissent beaucoup à désirer sous le rapport du plan et du choix.

Nous avons mis, dans les *Nouvelles Leçons françaises de Littérature et de Morale*, plus de sévérité et de régularité : le premier volume, consacré aux prosateurs, est précédé d'un Abrégé de Rhétorique ; le second, réservé à la poésie, renferme un Traité succinct de Versification française, suivi de l'Art poétique de Boileau, avec les imitations d'Horace. Les deux volumes sont divisés chacun en dix sections, où les sujets se suivent dans leur ordre naturel ; des notes nombreuses, placées au bas des pages, indiquent les passages imités des anciens. La Section X, d'un genre entièrement neuf, contient un Recueil de Maximes et de Pensées, extraites de nos meilleurs ouvrages en prose et en vers qui ont paru jusqu'en juillet 1822. Chaque volume est terminé par une Table raisonnée, avec de courtes Notices sur tous les auteurs cités.

En voilà plus qu'il ne faut pour montrer que l'ouvrage que nous annonçons n'est pas *une imitation*, et qu'il présente un véritable *Cours de Littérature comparée*, qui sera d'une extrême utilité pour les jeunes gens.

Cet ouvrage paraîtra en septembre prochain.

ŒUVRES CHOISIES DE PIRON, précédées d'une Notice historique sur sa vie et sur ses ouvrages, et accompagnées des jugemens de Voltaire, de Marmontel, de La Harpe et de M. Le Mercier. 2 vol. in-8. Belle édition, imprimée par M. *Crapelet ;* papier superfin, ornés d'un beau portrait de l'auteur et d'un *fac simile* de son écriture.   10 f. p. 12 f.

— LE MÊME OUVRAGE, papier satiné.   11 f. p. 13 f.

— LE MÊME OUVRAGE, grand papier vélin satiné, portrait avant la lettre, dont il ne sera tiré que 50 exemplaires.   30 f. p. 40 f.

La *Métromanie*, regardée, à juste titre, comme un des chefs-d'œuvre de la scène française, les tragédies de Gustave Vasa et de Fernand Cortès, quelques Épigrammes excellentes, et un petit nombre de Pièces fugitives et de poésies diverses, assurent à jamais à Piron une place distinguée dans notre littérature.

Toutes ces différentes pièces réunies formeront 2 volumes in-8., qui seront suffisans pour la gloire de Piron et pour les lecteurs jaloux de ne connaître que les bonnes productions de cet écrivain spirituel.

Les OEuvres complètes de Piron manquent dans la plupart des bibliothèques, et ne conviennent pas à tous les âges ; l'édition que nous annonçons ne laissera rien à désirer, tant sous le rapport de l'exécution typographique, que sous celui du bon esprit qui a présidé au choix des pièces ; elle sera indubitablement recherchée par les hommes de goût et par la jeunesse studieuse.

Cet ouvrage paraîtra en décembre prochain.

LIVRES DE FONDS.

DICTIONNAIRE HISTORIQUE ET BIBLIOGRAPHIQUE, abrégé des personnages illustres, célèbres ou fameux de tous les siècles et de tous les pays du monde, avec les dieux et les héros de la Mythologie; par *Peignot* et autres gens de lettres. 4 vol. in-8. à 2 colonnes. *Paris*, 1821. 20 f. p. 30 f.

— Le même ouvrage, orné de 1200 portraits. 23 f. p. 35 f.

Cet ouvrage, entièrement neuf, contient le Précis historique de la Vie des Souverains de toutes les nations, des Chefs de toutes les religions et de toutes les sectes; Antiquaires, Architectes; Auteurs; Artistes en tous genres, grands Capitaines; Économistes; Financiers; Hommes d'État; Jurisconsultes; Législateurs; Mathématiciens; Mécaniciens; Naturalistes; Orientalistes; Commentateurs; Traducteurs, Philosophes et Moralistes; Poëtes; Politiques et Diplomates; Prédicateurs; Docteurs de l'Eglise, et autres Écrivains ecclésiastiques; des Voyageurs; enfin de tous ceux qui se sont fait remarquer par leurs écrits, leurs inventions, leurs découvertes, leurs erreurs, leurs vices, leurs crimes, etc.

MÉMOIRES DU CARDINAL DE RETZ, de Guy-Joli et de la duchesse de Nemours, contenant ce qui s'est passé de remarquable en France pendant les premières années du siècle de Louis XIV. Nouvelle édition, terminée par une table raisonnée des matières. 6 gros vol. in-8 bien imprimés, et ornés d'un beau portrait. *Paris*, 1820. 24 f. p. 36 f.

PARFAIT (le) CUISINIER, ou le Bréviaire des Gourmands; contenant les recettes les plus nouvelles dans l'art de la cuisine. Quatrième édition, augmentée du Cuisinier étranger et du Pâtissier royal, par *Raimbault;* et revue par *Borel*. 1 vol. in-12. figures et planches. *Paris*, 1822. 2 f. p. 3 f.

CABINET (le) DU JEUNE NATURALISTE, ou Tableaux intéressans de l'Histoire des Animaux, offrant la description de la nature, des mœurs et habitudes des quadrupèdes, oiseaux, poissons, amphibies, reptiles, etc., les plus remarquables du monde connu; traduit de l'anglais de *Smith*. 6 vol. in-12. imprimés par M. *Crapelet*, et ornés de 65 belles gravures. *Paris*, 1821. 16 f. p. 24 f.

CHOIX DE LECTURES POUR LES ENFANS, ou Recueil de Contes, d'Anecdotes et de Traits de vertu, choisis des meilleurs auteurs; par *Berquin*. 2 vol. in-18. ornés de jolies figures, et titres gravés. *Paris*, 1822. 2 f. p. 3 f.

— Le même ouvrage. 2 vol. in-12. figures, et titres gravés. 1822. 3 f. p. 4 f. 50 c.

HISTORIETTES ET CONVERSATIONS POUR LES ENFANS, par *Berquin;* jolie édition, 2 vol. in-18. orné de 28 figures. *Paris*, 1822. 2 f. p. 3 f.

ILE (l') DES FÉES, ou la bonne Perruche, contes moraux à l'usage de la jeunesse, par mademoiselle *Vanhove*, 2 vol. in-18. ornés de 8 jolies figures. *Paris*, 1822. 2 f. p. 3 f.

AMI (l') DES ENFANS, par *Berquin*. Jolie édition. 12 volumes in-18. ornés de 12 figures. *Paris*, 1819. 10 f. p. 15 f.

BEAUX (les) TRAITS DU JEUNE AGE, suivis de l'Histoire d'Angéla et du Panthéon des Enfans célèbres; par *A. F. J. Fréville*, auteur de la Vie des Enfans célèbres, etc. Troisième édition. 1 vol. in-12. orné de 4 jolies gravures. *Paris*, 1822. 2 f. p. 3 f.

BONS (les) PETITS ENFANS, ou Portraits de mon Fils et de ma Fille, contes et dialogues à la portée du jeune âge; par madame *de Renneville*. 2 vol. in-18. ornés de 8 figures. *Paris*, 1821. 2 f. p. 3 f.

CARACTÈRES (les) DE L'ENFANCE, mis en action dans une suite de Contes moraux et instructifs. 4 vol. in-18. ornés de 64 jolies figures. *Paris*, 1821. 4 f. p. 6 f.

CHARBONNIER (le petit) DE LA FORÊT NOIRE, ou le Miroir magique, conte moral à l'usage des enfans, par madame *de Renneville*, troisième édition. 1 volume in-18. orné de 4 jolies figures. *Paris*, 1821. 1 f. p. 1 f. 50 c.

CHARLES ET EUGÉNIE, ou la Bénédiction paternelle; par madame *de Renneville*. 2 vol. in-18. ornés de 8 figures. *Paris*, 1822. 2 f. p. 3 f.

CONTES (nouveaux) DES FÉES, par *Ducray Duménil*. Quatrième édition. 4 vol. in-18. ornés de 16 figures. *Paris*, 1822. 4 f. p. 6 f.

— Le même ouvrage. 3 vol in-12. figures. *Paris*, 1822. 5 f. p. 7 f. 50 c.

CORRESPONDANCE DE PROSPER ET DE JULIETTE, pour faire suite aux Étrennes d'une Mère; par madame *de V***. 2 vol. in-18. ornés de 8 jolies figures. *Paris*, 1815. 2 f. p. 3 f.

COUTUMES GAULOISES, ou Origines curieuses et peu connues de la plupart de nos usages; par madame *de Renneville*. 1 vol. in-12. orné de 4 figures. *Paris*, 1819. 2 f. p. 3 f.

DIX (les) NOUVELLES, ou les jeunes Personnes à leur entrée dans le monde; par *Ch. Choquet*, auteur des Caractères de l'Enfance. 2 vol. in-12. ornés de 12 jolies gravures, et couvertures imprimées. *Paris*, 1822. 5 f. 50 c. p. 8 f.

ÉDUCATION PAR L'HISTOIRE, ou École des jeunes Gens, contenant des modèles de toutes les vertus de premier ordre, pris parmi les Français de différentes classes; extraits de *Rollin, Bossuet, Fénélon, Barthélemy*, et autres auteurs célèbres. 1 vol. in-12. orné de 4 gravures. *Paris*, 1821. 2 f. p. 3 f.

ÉLÉMENS DE LITTÉRATURE, par l'abbé *Batteux*. Nouvelle édition revue et augmentée. 2 vol. in-12. *Paris*, 1819. 2 f. 50 c. p. 4 f. 50 c.

ESPIÉGLERIES (les) DE L'ENFANCE, ou l'Indulgence maternelle, contes et historiettes propres à être donnés aux enfans de l'âge de six à huit ans; par madame *de Renneville*. 1 vol. in-18. orné de 4 jolies figures. *Paris*, 1822.   1 f. p. 1 f. 50 c.

FABLES DE FLORIAN. 1 vol. in-18. orné de 6 jolies gravures. *Paris*, 1821.   1 f. p. 1 f. 50 c.

FABLES DE LA FONTAINE, avec toutes les notes de *Coste*. Belle édition. 2 vol. in-18. ornés de 25 figures. *Paris*, 1810.   2 f. 50 c. p. 4 f.

FAGOTS (les) DE CROQUEMITAINE, par l'auteur de l'Histoire de Croquemitaine. Troisième édition, augmentée. 1 vol. in-18. avec 4 gravures. *Paris*, 1821.   1 f. p. 1 f. 50 c.

FÉE (la) GRACIEUSE, ou la bonne Amie des Enfans; par madame *de Renneville*. Troisième édition. 1 vol. in-18. orné de 4 figures. *Paris*, 1822.   1 f. p. 1 f. 50 c.

FÊTES (les) DES ENFANS, ou Recueil de petits Contes moraux, par *Ducray Duménil*. Septième édition. 3 vol. in-18. ornés de 12 figures. *Paris*, 1822.   3 f. p. 4 f. 50 c.
— LE MÊME OUVRAGE. 2 vol. in-12. figures. *Paris*, 1822.   3 f. 50 c. p. 5 f.

JEUNES (les) PERSONNES, nouvelles, par madame *de Renneville*, deuxième édition. 2 vol. in-12. ornés de 10 jolies vignettes, et titres gravés. *Paris*, 1822.   5 f. 50 c. p. 8 f.

LEÇONS (les) DE LA SAGESSE, Contes d'une mère à ses filles; trad. de l'anglais de mistriss *Mathews*, par *Bertin*. Troisième édition, revue et augmentée. 1 volume in-18. avec 4 jolies figures. *Paris*, 1822.   1 f. p. 1 f. 50 c.

LETTRES A LAURE sur l'Histoire et la Morale, par *Taillard*. 1 vol. in-12. orné de 4 jolies figures. *Paris*, 1822.   2 f. 50 c. p. 3 f. 50 c.

MORALE (la) DU JEUNE AGE, ou Choix de Fables, Contes et Histoires analogues à ses devoirs et à ses goûts; ouvrage dans lequel la distinction de ces trois genres se trouve établie et démontrée par des exemples. Quatrième édition. 2 vol. in-18. ornés de 48 jolies gravures. *Paris*, 1822.   2 f. 40 c. p. 3 f. 60 c.

MYTHOLOGIE (Nouvelle) DES DEMOISELLES, par madame *de Renneville*. 1 vol. in-12. orné de 37 figures. *Paris*, 1822.   2 f. p. 3 f.

PARAFARAGARAMUS, ou Croquignolle et sa famille; par madame *de Renneville*. 1 vol. in-18. avec 4 gravures. *Paris*, 1817.   1 f. p. 1 f. 50 c.

PENSION (la) DE JEUNES DEMOISELLES, par mademoiselle *Vanhove*. 2 vol. in-18. ornés de 8 figures. *Paris*, 1822.   2 f. p. 3 f.

PETIT (le) PHILIPPE, ou l'Émulation excitée par l'amour filial; par madame *de Renneville*. 1 vol. in-18. orné de 4 jolies vignettes gravées par M. *H. Huot*, d'après les dessins de M. *Victor Adam*. Paris, 1822.   1 f. p. 1 f. 50 c.

PETIT (le) SAVINIEN, ou Histoire d'un jeune Orphelin; par madame *de Renneville*. Deuxième édition. 1 vol. in-18. orné de 4 jolies gravures. *Paris*, 1820.   1 f. p. 1 f. 50 c.

POLICHINELLE INSTITUTEUR, sur le Théâtre duquel on voit figurer mademoiselle Fanferluche, Rustaud, Brise-Ménage, etc.; par madame *de Renneville*. Seconde édition. 1 vol. in-18. orné de 4 jolies figures. *Paris*, 1820.   1 f. p. 1 f. 50 c.

PRÉCEPTEUR (le) DES ENFANS, ou Livre du second âge. Huitième édition, entièrement refondue par madame *de Renneville*. 1 vol. in-12. orné de 4 gravures. *Paris*, 1822.   1 f. 50 c. p. 2 f. 50 c.

RÉCRÉATIONS (les) D'EUGÉNIE, contes propres à former le cœur et à développer la raison des enfans; par madame *de Renneville*. Troisième édition. 1 volume in-18. orné de 4 jolies figures. *Paris*, 1822.   1 f. p. 1 f. 50 c.

RETOUR (le) DES VENDANGES, contes moraux et instructifs à la portée des Enfans de différens âges; par madame *de Renneville*. Seconde édition, revue et corrigée. 4 vol. in-18. ornés de 16 jolies gravures. *Paris*, 1820.   4 f. p. 6 f.

VIE DES ENFANS CÉLÈBRES, ou Modèle du Jeune âge; par *A. F. J. Fréville*. Cinquième édition, corrigée et augmentée. 2 vol. in-12. ornés de 4 jolies figures. *Paris*, 1820.   3 f. 50 c. p. 5 f.

VOYAGES (les) DE GULLIVER, traduits de *Swift*, par l'abbé *Desfontaines*. Nouvelle et belle édition. 4 vol. in-18. ornés de 8 jolies figures. *Paris*, 1822.   4 f. p. 6 f.

ABRÉGÉ DE L'HISTOIRE GÉNÉRALE DES VOYAGES, contenant ce qu'il y a de plus remarquable, de plus utile et de mieux avéré dans les pays où les voyageurs ont pénétré, etc.; par *J. F. Laharpe*. Nouvelle édition, *mise dans un meilleur ordre, revue et corrigée avec le plus grand soin*; par M. *Jyriès*. 24 vol. in-8. accompagnés d'un bel atlas in-folio, grand papier, composé de 15 cartes coloriées, gravées pour cette édition par *A. Tardieu*. Paris, 1821.   108 f. p. 152 f.

ABRÉGÉ DE L'ORIGINE DE TOUS LES CULTES, par *Dupuis*. Nouvelle édition. 1 gros vol. in-8. *Paris*, 1821.   4 f. p. 6 f.

ARITHMÉTIQUE A L'USAGE DE LA MARINE ET DE L'ARTILLERIE, par *Bezout*, revue, rectifiée et améliorée, avec de nouvelles augmentations destinées aux jeunes négocians, banquiers et financiers; édition dans laquelle on a eu soin d'éviter ce qui aurait été purement algébrique, par *F. Peyrard*; jolie édition, 1 vol. in-8. *Paris*, 1822.   2 f. p. 3 f.

AVENTURES DE TÉLÉMAQUE, par *François Salignac de La Mothe Fénélon* ; précédées d'une Notice sur la vie de l'auteur, de Réflexions sur Télémaque, des principales variantes, etc. ; édition ornée de 72 magnifiques figures gravées par *Tilliard*, d'après les dessins de *Monnet.* 2 vol. in-4. grand raisin, vélin superfin. *Paris*, 1810. 45 f. p. 60 f.

— LE MÊME OUVRAGE, figures premières épreuves, dont il ne reste que 4 exemplaires. 80 f. p. 120 f.

BIOGRAPHIE DES PAIRS ET DES DÉPUTÉS du Royaume de France qui ont siégés dans les dernières sessions. 2 vol. in-8. *Paris*, 1820. 6 f. p. 10 f.

CARACTÈRES (les) DE LA BRUYÈRE, suivis des Caractères de Théophraste ; traduits par le même auteur ; avec des additions et des notes nouvelles, par *J. G. Schweighæuser.* Nouvelle et très belle édition, augmentée de la Notice sur La Bruyère, par M. *Suard.* 2 vol. in-8. imprimés par M. *Crapelet*, et ornés d'un beau portrait. *Paris*, 1822. 9 f. p. 12 f.

COLLECTION HISTORIQUE DES ORDRES DE CHEVALERIE CIVILS ET MILITAIRES existant chez les différens Peuples du Monde ; suivie d'un Tableau chronologique de tous les Ordres éteints ; par *A. M. Perrot.* Un volume in-4. orné de 40 planches coloriées avec le plus grand soin, représentant les plaques, croix, médailles, rubans et généralement toutes les marques distinctives des Ordres anciens et nouveaux, au nombre de plus de 500. *Paris*, 1820. 27 f. p. 36 f.

Cet ouvrage, le plus exact et le plus complet de tous ceux du même genre qui ont paru jusqu'à ce jour, donne tous les changemens survenus dans les statuts, l'organisation et les décorations des différens Ordres, changemens nécessités par les derniers événemens politiques ; de plus, toutes les médailles et marques distinctives créées par les souverains en faveur des actions d'éclat, soit dans le militaire, soit dans le civil.

CONTES ET NOUVELLES, en vers ; par *J. de La Fontaine* ; magnifique édition imprimée par *Didot l'aîné*, ornée de 20 superbes figures et vignettes gravées d'après les dessins de *Fragonard*, par les plus habiles artistes. 2 volumes in-4. grand raisin, vélin superfin, épreuves avant la lettre. *Paris*, 1795. 48 f. p. 72 f.

— LE MÊME OUVRAGE. 2 vol. in-4. papier ordinaire, avec les figures. 20 f. p. 30 f.

CONTES MORAUX anciens et nouveaux, par *Marmontel.* Nouvelle édition, à laquelle on a ajouté les Promenades de Platon en Sicile, et le Petit Voyage, précédés de l'Éloge de Marmontel, par l'abbé *Morellet.* 6 vol. in-18. ornés de 6 figures. *Paris*, 1820. 6 f. p. 10 f.

CORBEILLE (la) DE FLEURS, contenant la Description botanique et usuelle des Fleurs les plus agréables ; un grand nombre de pièces en prose et en vers, etc. douze Romances avec leur musique. 1 gros volume in-8. orné de 24 planches, cartonné à la Bradel. 9 f. p. 12 f.

— LE MÊME OUVRAGE, figures coloriées avec le plus grand soin, cartonné à la Bradel. 18 f. p. 25 f.

DICTIONNAIRE DE L'ACADÉMIE FRANÇAISE. 2 vol. in-4. 27 f. p. 36 f.

DICTIONNAIRE (nouveau) DE POCHE FRANÇAIS-ALLEMAND ET ALLEMAND-FRANÇAIS. Onzième édition, corrigée et considérablement augmentée, imprimée en caractères allemands. 2 gros vol. in-16. *Strasbourg*, 1821. 7 f. p. 10 f.

DICTIONNAIRE ANGLAIS-FRANÇAIS ET FRANÇAIS-ANGLAIS, abrégé de *Boyer*, avec la prononciation de l'anglais, à l'usage des Français. Vingt-sixième édition, imprimée sur la dernière édition anglaise publiée par *Salmon* ; revue, corrigée et augmentée d'un grand nombre de mots qui ne se trouvent pas dans les précédentes éditions, des termes de marine, etc. 2 volumes in-8. *Paris*, 1821. 11 f. p. 18 f.

DICTIONNAIRE FRANÇAIS-ANGLAIS ET ANGLAIS-FRANÇAIS, de *Nugent*, dix-septième édition, augmentée par *Ouiseau* ; revue et corrigée par M. *l'ain*, et où se trouve, pour la première fois, la *Grammaire anglaise de Siret.* 1 gros vol. in-16. imprimé avec le plus grand soin sur papier superfin, et orné de deux jolies gravures de *Couché. Paris*, 1818. 5 f. p. 7 f. 50 c.

— LE MÊME OUVRAGE (*sans la Grammaire*). 1 vol. in-16. avec les deux gravures. 4 f. p. 6 f.

DICTIONNAIRE (nouveau) GÉOGRAPHIQUE, ou Description de toutes les parties du monde, par *Vosgien.* Nouvelle édition, revue et corrigée, avec le plus grand soin, d'après les derniers traités de paix et les changemens politiques survenus jusqu'à ce jour ; augmentée de la nomenclature de tous les chefs-lieux de cantons et d'un grand nombre d'autres endroits, omis dans les éditions précédentes ; avec l'indication exacte des foires et marchés de France et autres pays d'Europe, et des marchandises qui y sont exposées ; la valeur réelle et comparative des monnoies, des poids et des mesures françaises et étrangères ; les distances des villes, bourgs et villages de France, soit aux chefs-lieux des départemens ou d'arrondisse-mens, soit aux bureaux de postes ; la désignation des lieux par lesquels doivent être adressées les lettres pour les endroits où il n'y a pas de bureaux de postes, etc. ; publiée par *J. D. Coigoux*, sous-chef à la direction générale des postes ; enrichie de sept cartes neuves, et de plusieurs planches représentant les pavillons des principales puissances maritimes, et les monnoies françaises et étrangères. 1 gros volume in-8. *Paris*, 1822. 5 f. p. 9 f.

— LE MÊME OUVRAGE, avec les cartes coloriées. 6 f. p. 10 f.

DICTIONNAIRE DE POCHE DE LA LANGUE FRANÇAISE, avec la prononciation, composé sur le système orthographique de Voltaire, précédé d'un Abrégé de la Grammaire française, et contenant plus de 5000 mots omis dans les dictionnaires les plus estimés ; par Catineau. Septième édition augmentée d'un Dictionnaire de Géographie moderne. 1 gros vol. in-12. *Paris*, 1821. 4 f. 50 c. p. 7 f. 50 c.

DICTIONNAIRE PORTATIF DE LA LANGUE FRANÇAISE, abrégé du Dictionnaire de l'Académie, et augmenté d'un grand nombre de mots nouvellement en usage, tirés des auteurs les plus célèbres, par *Philippon de la Madelaine*. Troisième édition, revue et corrigée. 2 vol. in-18. imprimés sur très beau papier coquille d'Angoulême. *Paris*, 1818.   4 f. p. 6 f.

DICTIONNAIRE HISTORIQUE, ou Histoire abrégée des hommes qui se sont fait un nom par leur génie, leurs talens, leurs vertus, leurs erreurs ou leurs crimes, depuis le commencement du monde jusqu'à nos jours ; par l'abbé *F.-X. de Feller*. Quatrième édition, enrichie d'un grand nombre d'articles nouveaux. 12 vol. in-8. ornés d'un beau portrait. *Paris*, 1818 à 1820.   48 f. p. 72 f.

DICTIONNAIRE PHILOSOPHIQUE, par *Voltaire*; jolie édition, 8 gros volumes in-12. *Paris*, 1821.   14 f. p. 20 f.

ÉCOLE (l') DES MŒURS, ou Réflexions morales et historiques sur les maximes de la sagesse ; par M. *Blanchard*, chanoine d'Avenay. Nouvelle et bonne édition, ornée de six figures gravées avec soin, 3 vol. in-12. *Paris*, 1822.   5 f. p. 7 f. 50 c.

ÉNÉIDE (l') DE VIRGILE, trad. en prose, avec le texte en regard ; par M. *Mollevaut*, membre de l'Institut. 4 vol. in-18. grand raisin fin, ornés du portrait de Virgile. *Paris*, 1818.   7 f. p. 10 f.

GUIDE DU VOYAGEUR, contenant 1°. un Tableau général des routes de la France et des principales villes de l'Europe, beaucoup plus ample que celui du livre de poste ; 2°. un Tableau de toutes les villes de France par départemens et par ordre alphabétique, avec l'état de leur population, leur commerce, industrie, les curiosités, etc. et leur distance de Paris ; 3°. les indications des principaux hôtels où les voyageurs peuvent trouver l'agréable et l'utile. 1 vol. in-18. fig. *Paris*, 1818.   1 f. p. 1 f. 50 c.

HISTOIRE DE FRANCE depuis les Gaulois jusqu'à la mort de Louis XVI ; par *Anquetil*. Quatrième édition. 12 vol. in-12. *Paris*, 1821.   24 f. p. 36 f.
— LE MÊME OUVRAGE. 12 vol. in-8.   36 f. p. 50 f.

HISTOIRE DE FRANCE, depuis la mort de Louis XVI, jusqu'en 1821 ; par *Lemaire*. 3 vol. in-12. *Paris*, 1822.   8 f. p. 12 f.

HISTOIRE DE LA RÉVOLUTION FRANÇAISE, depuis 1787 jusqu'en 1821 ; par *Lemaire*. 4 gros vol. in-12. avec figures. *Paris*, 1822.   9 f. p. 12 f.

HISTOIRE DES NAUFRAGES, ou Recueil des Relations les plus intéressantes des naufrages. Nouvelle édition, augmentée *du naufrage du brig américain le Commerce, du vaisseau l'Alceste, de la frégate la Méduse*, etc. par M. *Eyriès*. 3 vol. in-12. ornés de 6 gravures. *Paris*, 1821.   6 f. p. 9 f.

HISTOIRE DE L'ANARCHIE DE POLOGNE, par *Rulhière*; troisième édition. 4 volumes in-8. *Paris*, 1819.   16 f. p. 24 f.

L'Institut a jugé que cet ouvrage était le meilleur livre d'histoire écrit dans la langue française, et le jury des prix décennaux avait proposé de lui décerner le prix.

HISTOIRE DES RELIGIONS, des Mœurs et Coutumes religieuses de tous les peuples du monde, de l'Idolâtrie, du Fanatisme, etc. d'un grand nombre de nations ; avec le texte littéral de l'édition de Hollande, ornée de 638 gravures, d'après les dessins de *Bernard Picart*, augmentée de 36 gravures, avec un Supplément de l'Histoire des Religions des peuples découverts jusqu'à ce jour, etc., des événemens survenus dans le clergé et l'église catholique en France, depuis 1789, la fête de l'Etre suprême, d'après le plan de *Robespierre*; de la fête de la Raison en 1793 ; du culte des Théophilanthropes, etc.; seconde édition. 6 vol. in-4. *Paris*, 1819.   90 f. p. 180 f.

ITINÉRAIRE DE L'EUROPE, par *François Gandini*; revu, corrigé et augmenté sur le Guide des voyageurs en Europe de M. *Reichard*, avec les derniers Réglemens des administrations des postes d'Italie, de France et d'Autriche. Quatrième édition. 1 vol. in-8. cartes et planches. 1821.   5 f. p. 7 f.

JÉRUSALEM (la) DÉLIVRÉE, traduite en vers français, par *Baour Lormian*; belle édition imprimée par *Didot l'aîné*, et ornée de 41 superbes figures et vignettes gravées par les premiers artistes d'après les dessins de *Cochin*. 2 vol. in-4. grand raisin vélin superfin, les figures premières épreuves. *Paris*, 1796.   60 f. p. 96 f.
— LE MÊME OUVRAGE. 2 vol. in-4. papier ordinaire avec les mêmes figures.   18 f. p. 25 f.

JUSTIN, traduit par l'abbé *Paul*, sur les textes latins les plus corrects, avec de courtes notes, critiques, historiques, et un Dictionnaire géographique de tous les pays dont parle Justin, avec le texte en regard ; belle édition. 2 vol. in-12. 1822.   4 f. p. 6 f.

LETTRES A ÉMILIE SUR LA MYTHOLOGIE, par *Demoustier*. 2 vol. in-12. ornés de 2 figures. *Paris*, 1819.   3 f. p. 4 f. 50 c.

LETTRES A ÉMILIE SUR LA MYTHOLOGIE, par *Demoustier*. 6 vol. in-18. figures. *Paris*, 1820.   2 f. 20 c. p. 3 f. 60 c.

LIAISONS DANGEREUSES, lettres recueillies dans une société, par *Laclos*. 2 vol. in-12. ornés de 6 jolies vignettes. *Paris*, 1820.   5 f. p. 7 f. 50 c.

LYCÉE, ou Cours de littérature ancienne et moderne, par *J. F. La Harpe*; belle édition, imprimée sur papier fin, par *Didot aîné*. 16 vol. in-8. *Paris*, 1818.   60 f. p. 80 f.
— LE MÊME OUVRAGE. 16 gros vol. in-18. *Paris*, 1820.   27 f. p. 40 f.

MAISON (la) DES CHAMPS, ou Manuel général du Cultivateur, contenant, 1°. la grande et la petite Culture; 2°. l'Économie rurale et domestique; 3°. la Médecine vétérinaire, etc., c'est-à-dire toutes les connaissances nécessaires pour gouverner les biens de la campagne, et les faire valoir utilement; pour soutenir ses droits, conserver sa santé, et rendre la vie champêtre agréable; par *M. D. Pfluguer*, 4 gros vol. in-8. avec un grand nombre de figures. *Paris*, 1819. 27 f. p. 36 f.

MYTHOLOGIE (nouvelle) DE LA JEUNESSE, divisée en quatre parties : 1°. les divinités du premier ordre; 2°. les divinités du second ordre; 3°. les héros; 4°. les divinités allégoriques. Contenant, en outre, les emblèmes des fleurs et des couleurs; les symboles des animaux; une Table générale, en forme de dictionnaire, de toutes les Mythologies dont il est question dans l'ouvrage, etc., par madame *Tardieu Dencsle*; seconde édition. 2 vol. in-12. ornés de 83 jolies figures. *Paris*, 1820. 4 f. p. 6 f.

ŒUVRES COMPLÈTES DE BERQUIN, mis en ordre par *Regnault Warrin*; jolie édition. 28 vol. in-18. ornés de 112 figures. *Paris*, 1822. 24 f. p. 36 f.

ŒUVRES COMPLÈTES DE BOILEAU DESPRÉAUX, avec les variantes, des notes historiques et critiques, un Discours sur le caractère et l'influence des Œuvres de Boileau, et la Vie de ce poète; par *M. Daunou*. 3 vol. in-8. imprimés sur beau papier. *Paris*, 1819. 11 f. p. 18 f.
— LE MÊME OUVRAGE, orné de 7 belles figures d'après *Moreau le jeune*. 20 f. p. 30 f.
— LE MÊME OUVRAGE. 3 vol. in-12. 6 f. p. 10 f.

ŒUVRES COMPLÈTES DE LORD BYRON, trad. de l'anglais; troisième édition entièrement revue et corrigée. 11 vol. in-18. bien imprimés et ornés d'un beau portrait. *Paris*, 1821. 16 f. p. 22 f.

ŒUVRES D'ANDRÉ CHÉNIER; nouvelle édition. 1 vol. in-18. 1822. 2 f. 25 c. p. 3 f.

POÉSIES DE M. J. CHÉNIER; suivies de la Poétique d'Aristote; nouvelle et jolie édition. 2 vol. in-18. *Paris*, 1822. 4 f. 50 c. p. 6 f.

TABLEAU HISTORIQUE de l'État et des Progrès de la Littérature française, depuis 1789; par *M. J. Chénier*; nouvelle et jolie édition. 1 fort vol. in-18. 2 f. 25 c. p. 3 f.

THÉATRE DE M. J. CHÉNIER; précédé d'une Analyse par M. *N. L. Lemercier*; nouvelle édition. 3 vol. in-18. Portrait. 7 f. 50 c. p. 10 f.

ŒUVRES COMPLÈTES DE MADAME COTTIN, précédées d'une Notice sur sa vie et ses écrits, etc. Nouvelle édition. 12 vol. in-18. avec 12 gravures. *Paris*, 1821. 9 f. p. 15 f.
On vend séparément :
— CLAIRE D'ALBE, 1 vol. in-18. fig. 75 c. p. 1 f. 25 c.
— MALVINA, 3 vol. in-18. fig. 2 f. 25 c. p. 3 f. 75 c.
— AMÉLIE MANSFIELD, 3 vol. in-18. fig. 2 f. 25 c. p. 3 f. 75 c.
— MATHILDE, ou Mémoires tirés de l'Histoire des Croisades, 4 vol. in-18. fig. 3 f. p. 5 f.
— ÉLISABETH, ou les Exilés de Sibérie, 1 vol. in-18. fig. 75 c. p. 1 f. 25 c.

ŒUVRES DRAMATIQUES DE DESTOUCHES. Nouvelle édition, précédée d'une Notice sur la vie et les ouvrages de cet auteur. 6 gros volumes in-8. imprimés par M. *Crapelet*, ornés du portrait de l'auteur, et de 11 figures gravés par d'habiles artistes. *Paris*, 1820. 25 f. p. 36 f.
— LE MÊME OUVRAGE, papier satiné. 27 f. p. 59 f.

ŒUVRES COMPLETES DE FLORIAN; édition corrigée d'après les manuscrits de l'auteur, et augmentée de plusieurs pièces inédites. 24 vol. in-18. avec 24 gravures. 16 f. p. 24 f.

ŒUVRES DE GILBERT. Nouvelle et jolie édition, précédée d'une Notice sur sa vie, par M. *Charles Nodier*. 1 vol. in-18. portrait. *Paris*, 1820. 1 f. 25 c. p. 2 f.

ŒUVRES D'HOMÈRE, ou l'Iliade et l'Odyssée, traduites en français, avec des Remarques et des Réflexions; par *Bitaubé*, membre de l'Institut et de la Légion-d'Honneur; nouvelle édition. 4 vol in-8. imprimés par M. *Crapelet*, sur beau papier d'Auvergne, ornés des portraits d'Homère et de Bitaubé, et de deux figures allégoriques. *Paris*, 1822. 17 f. p. 24 f.
— LE MÊME OUVRAGE. 4 gros vol. in-12. bien imprimés par M. *Crapelet*, et ornés de portraits et figures. *Paris*, 1822. 9 f. p. 12 f.

ŒUVRES DE LAUJON, membre de l'Institut, contenant ses pièces de théâtre, poésies, anecdotes, etc. 4 vol. in-8. 12 f. p. 20 f.

ŒUVRES COMPLÈTES DE LESAGE ET DE L'ABBÉ PREVOST; nouvelle et belle édition. 55 gros vol. in-8. ornés de 112 figures. *Paris*, 1810 à 1816. 200 f. p. 330 f.
— LE MÊME OUVRAGE, papier vélin. 450 f. p. 660 f.

ŒUVRES CHOISIES DE LESAGE; nouvelle et jolie édition. 14 volumes in-12. bien imprimés par M. *Didot jeune*, et ornés de 40 jolies gravures nouvelles, et de musique gravée. 42 f. p. 64 f.
— LE MÊME OUVRAGE. 16 vol. in-18. figures et musique. 25 f. p. 36 f.

On vend séparément :
DIABLE BOITEUX. 2 vol. in-12. fig. 5 f. 50 c. p. 8 f.
— LE MÊME OUVRAGE. 2 vol. in-18. fig. 3 f. 25 c. p. 4 f. 50 c.
GIL BLAS. 4 vol. in-12. fig. 12 f. p. 18 f.
— LE MÊME OUVRAGE 6 vol. in-18. 6 f. p. 10 f.
BACHELIER DE SALAMANQUE. 2 vol. in-12. fig. 5 f. 50 c. p. 8 f.
— LE MÊME OUVRAGE. 2 vol. in-18. fig. 3 f. 25 c. p. 4 f. 50 c.

Gusman d'Alfarache. 2 vol. in-12. fig. — 7 f. p. 10 f.
— Le même ouvrage. 2 vol. in-18 fig. — 4 f. p. 5 f. 50 c.
Estevanille. 2 vol. in-12. fig. — 5 f. 50 c. p. 8. f.
— Le même ouvrage. 2 vol. in-18. fig. — 3 f. 25 c. p. 4 f. 50 c.
Théatre. 2 vol. in-12. fig. et musique. — 9 f. p. 12 f.
— Le même ouvrage. 2 vol. in-18. fig. et musique. — 5 f. p. 7 f.

ŒUVRES COMPLÈTES DE MARMONTEL, de l'Académie française ; belle édition. 18 gros vol. in-12. *Paris*, 1819. — 45 f. p. 72 f.

ŒUVRES DE MOLIÈRE, avec des Remarques grammaticales, des Avertissemens et des Observations sur chaque pièce, par *Bret ;* précédées de la Vie de *Molière* par *Voltaire*, et de son Éloge par *Chamfort*. Belle édition imprimée par M. *Crapelet* sur celle de 1773. 6 vol. in-8. *Paris*, 1821. — 30 f. p. 45 f
— Le même ouvrage, papier satiné. — 32 f. p. 48 f.

ŒUVRES COMPLÈTES DE MONTESQUIEU ; précédées de sa Vie ; par M. *Auger*, de l'Institut. Nouvelle édition. 5 gros vol. in-8. imprimés par M. *Crapelet ;* portrait et cartes. *Paris*, 1820. — 20 f. p. 30 f.

ŒUVRES COMPLÈTES DE MONTESQUIEU, nouvelle et jolie édition. 8 vol. in-12. ornés de 2 cartes géographiques, et d'un portrait. *Paris*, 1821. — 12 f. p. 20 f.
— Le même ouvrage. 8 vol. in-18. *Paris*, 1820. — 9 f. p. 16 f.

ŒUVRES DE JEAN RACINE, avec les Variantes et les Imitations des auteurs grecs et latins ; publiées par M. *Petitot*. 5 vol. in-8. papier fin. *Paris*, 1820. — 20 f. p. 30 f.

ŒUVRES COMPLÈTES DE REGNARD, avec des Avertissemens et des Remarques sur chaque pièce ; par M. *Garnier*. Nouvelle édition, imprimée par M. *Crapelet*. 6 vol. in-8. ornés de 11 figures gravées d'après les dessins de *Moreau* et *Marillier*, et d'un portrait de Regnard. *Paris*, 1820. — 24 f. p. 36 f.
— Le même ouvrage, papier satiné. — 25 f. p. 37 f. 50 c.

ŒUVRES DE J. J. ROUSSEAU. 22 vol. in-12. y compris sa Correspondance avec madame La Tour de Franqueville et Dupeyrou, jolie édition ornée de 60 gravures de *Moreau*, *Dupréel*, *Delignon*, etc. *Paris*, 1820. — 60 f. p. 80 f.

PANIER (le) DE FRUITS, ou Descriptions botaniques et Notices historiques des principaux fruits, suivi de morceaux de littérature et de morale, en prose et en vers. 1 vol. in-8. orné de 24 planches ; cartonné à la *Bradel*. — 9 f. p. 12 f.
— Le même ouvrage, les planches coloriées avec soin, cartonné à la *Bradel*. — 18 f. p. 25 f.

PROVERBES DRAMATIQUES DE CARMONTELLE, précédés de la Vie de Carmontelle, d'une Dissertation historique et morale sur les proverbes ; suivie d'une Table de l'origine et du sens des proverbes contenus dans l'ouvrage, de leur concordance avec les adages latins, italiens, etc. ; par M. *de Méry ;* nouvelle édition. 4 vol. in-8. *Paris*, 1822. — 18 f. p. 24 f.

RUINES (les), ou Méditations sur les révolutions des empires, par *Volney*, dixième édition, à laquelle on a joint la loi naturelle. 1 vol. in-8. avec un portrait et des figures. *Paris*, 1822. — 5 f. 50 c. p. 7 f.
— Le même ouvrage. 1 gros vol. in-18. portrait et figures. 1822. — 3 f. p. 3 f. 50 c.

SOUVENIRS DE LONDRES EN 1814 ET 1816 : suivis de l'Histoire et de la Description de cette ville dans son état actuel. 1 vol. in-8. avec douze planches et un plan de Londres, très bien imprimé par M. *Crapelet*. Paris, 1817. — 5 f. 50 c. p. 7 f.

Cet ouvrage est un des plus agréables et des plus intéressans qu'on ait publiés sur Londres.

SPECTATEUR (le) FRANÇAIS, ou Variétés politiques, morales et littéraires ; faisant la suite du Spectateur français au dix-neuvième siècle. 3 vol. in-8. *Paris*, 1817. — 8 f. p. 12 f.

SYSTÈME DE LA NATURE, ou des lois du Monde physique et du Monde moral ; par le baron d'*Holbach* (faussement attribué à Mirabeau). Nouvelle édition, bien imprimée, et accompagnée de notes de *Diderot*. 2 vol. in-8. *Paris*, 1821. — 9 f. p. 12 f.

TABLEAU POLITIQUE ET LITTÉRAIRE DE LA FRANCE, en 1814 et 1815, extrait des meilleurs écrits. 3 vol. in-8. *Paris*, 1820. — 8 f. p. 12 f.

THÉATRE CHOISI DE FAVART, jolie édition. 3 vol. in-8. portrait. — 10 f. p. 18 f.

TRAITÉ DE LA PEINTURE, par *Léonard de Vinci ;* précédé de la Vie de l'auteur et du Catalogue de ses ouvrages, avec des Notes et Observations par M. *Gault de Saint-Germain.* Nouvelle édition, ornée du portrait de *Léonard de Vinci* et de 44 planches. 1 vol. in-8. *Paris*, 1820. — 6 f. p. 9 f.

VOCABULAIRE DE L'ACADÉMIE FRANÇAISE, contenant un grand nombre de mots qui ne se trouvent pas dans le Dictionnaire de l'Académie ; les termes de sciences, arts, etc. ; la prononciation, un modèle de la conjugaison des verbes, etc. etc. ; par *Goigoux*. Nouvelle édition, considérablement augmentée. 1 gros vol. in-8. *Paris*, 1821. — 4 f. 50 c. p. 8 f.

VOYAGES EN FRANCE ET AUTRES PAYS, en prose et en vers, par *Chapelle* et *Bachaumont*, *Bertin*, *Boufflers*, *Bernardin de Saint-Pierre*, *Racine*, *Voltaire*, *Furny*, etc. ; jolie édition, 5 vol. in-18. ornés de 36 gravures. *Paris*, 1818. — 11 f. p. 15 f.

ABÉCÉDAIRE des Arts et Métiers. In-12. orné de 25 fig. *Lyon*, 1816.　45 c. p. 75 c.

ABÉCÉDAIRE moral et religieux. In-12. avec 31 gravures. *Lyon*, 1816.　60 c. p. 1 f.

ABÉCÉDAIRE Gymnastique, ou Description des Jeux de l'Enfance. In-12. avec 26 figures. *Lyon*, 1820.　60 c. p. 1 f.

ABRÉGÉ du Cours de Littérature de Laharpe, ou Précis des jugemens de ce critique célèbre sur les écrivains anciens et modernes, et sur chacun de leurs ouvrages ; extrait non-seulement du Cours de Littérature, mais encore des différens articles insérés dans le Mercure et autres écrits littéraires du temps ; publié par *René Perrin*. 2 vol. in-12. *Paris*, 1821.　5 f. p. 7 f.

ABRÉGÉ de la Géographie de Crozat, nouvelle édition, revue et augmentée. 1 vol. in-12. cartes et figures. 1818.　1 f. p. 1 f. 50 c.

ABRÉGÉ de l'Histoire générale des Voyages, par *Laharpe*; réduit aux traits les plus intéressans et les plus curieux, par *Caillot*. 2 vol. in-12. ornés de 8 fig. *Paris*, 1822.　4 f. 50 c. p. 6 f.

ABRÉGÉ des Voyages modernes, pour servir de suite à l'Abrégé de l'Histoire générale des Voyages ; par le même. 2 vol. in-12. ornés de 8 figures. *Paris*, 1821.　4 f. 50 c. p. 6 f.

ABRÉGÉ de l'origine de tous les cultes, par *Dupuis*; jolie édition. 2 vol. in-18. orné d'un planisphère céleste. *Paris*, 1821.　2 f. 75 c. p. 4 f. 50 c.

ABRÉGÉ de toutes les Sciences, ou Encyclopédie des enfans ; contenant un Précis d'Histoire sainte, un Traité d'Arithmétique et d'Histoire naturelle, des notions sur la Géographie, etc. etc. nouvelle édition. 1 vol. in-12. orné de 116 sujets gravés. *Paris*, 1821.　1 f. p. 1 f. 50 c.

ACADÉMIE (nouvelle) des Jeux, ou Règles des Jeux de Boston, de Wisth, de la Bouillotte, de l'Écarté, du Piquet, etc. Seconde édit. 1 vol. in-12. *Paris*, 1818.　1 f. 50 c. p. 2 f. 25 c.

ACADÉMIE des Jeux, contenant les Règles de tous les Jeux de cartes, avec les décisions sur les coups le plus difficiles. 1 volume in-18. *Paris*, 1821.　65 c. p. 1 f.

ADRESSE de tous les Libraires de Paris, au nombre de plus de sept cents.　2 f. 50 p. 5 f.

ANALYSE complète et impartiale du Moniteur ; suivie d'une Table alphabétique des personnes et des choses. 7 vol. in 4.　40 f. p. 80 f.

ANALYSE du Jeu des Échecs, par *Philidor*; avec une notation abrégée et 42 planches, où se trouve figurée la situation du jeu, pour les renvois et les fins de partie. Nouvelle édition, à laquelle on a joint la figure et la marche des différentes pièces de ce jeu. 1 vol. in-12. fig. 1821.　2 f. p. 3 f.

ANECDOTES et Contes moraux, pour l'instruction de la jeunesse, traduits de l'italien de Soave. Seconde édition. 2 vol. in-18. ornés de 56 figures. *Paris*, 1817.　3 f. 50 c. p. 5 f.

ANECDOTES du dix-neuvième siècle, pour servir à l'Histoire des mœurs et de l'esprit du Siècle où nous vivons ; par *Collin de Plancy*. 2 vol. in-8. *Paris*, 1821.　7 f. p. 10 f.

ANNÉE (une) de Bonheur, ou les Récompenses méritées. 1 vol in-18. orné de 11 jolies vignettes. *Paris*, 1821.　1 f. 25 c. p. 2 f.

ANTIQUITÉS nationales, ou Monumens, tels que Tombeaux, Inscriptions, Statues, Mosaïques, etc.; par M. *Millin*, membre de l'Institut. 5 vol. in-4. pap. fin d'Auvergne.　80 f. p. 210 f.

ARITHMÉTIQUE de Bezout, suivie des Principes fondamentaux de l'Arithmétique, de toutes les Règles nécessaires au Commerce, etc.; par *Peyrard*. Neuvième édition. 1 volume in-8. *Paris*, 1819.　2 f. p 3 f.

ASTRONOMIE des dames, par *Jérôme de Lalande*. Sixième édition. 1 volume in-18. figure. *Paris*, 1820.　1 f. p. 1 f. 50 c.

ATLAS, pour le Voyage du jeune Anacharsis en Grèce. 1 vol. in-4.　4 f. 50 c. p. 9 f.

ATLAS de toutes les parties du Monde, à l'usage de la jeunesse ; contenant les Découvertes des Voyageurs modernes et l'état de l'Europe, d'après les derniers traités de paix ; précédé d'un Précis de Géographie, et de Notions sur la sphère : par madame *Tardieu Denesle*. Troisième édition. 1 vol. in-4. oblong, cartonné, composé de 21 cartes coloriées. *Paris*, 1820.　8 f. p. 12 f.

ATLAS portatif de Géographie moderne des cinq Parties du Monde, composé de 32 cartes coloriées dressées d'après les derniers Traités de paix, par M. *Maire*; précédé d'un Précis de Géographie moderne et de Notions sur la sphère, par madame *Tardieu Denesle*. 1 vol. in-8. format d'atlas. *Paris*, 1821. cartonné.　8 f. p. 12 f.

LE MÊME ATLAS, composé seulement de 32 cartes coloriées, avec frontispice gravé. 1 vol. in-18. *Paris*, 1821. cartonné.　4 f. 50 c. p. 6 f.

AVENTURES de Robinson Crusoé, nouvelle imitation ; par *Feutry*. 2 vol. in-12. fig.　2 f. p. 3 f.

AVENTURES de Robinson Crusoé, par *Daniel Défoé*. 4 vol. in-18. ornés de 8 fig.　3 f. p. 5.

— LE MÊME OUVRAGE, avec 4 fig.　2 f. 50 c. p. 4. f.

AVENTURES (les) de Télémaque, par *Fénélon*. nouvelle édition, avec des Notes et un Discours sur la Poésie épique. Jolie édition. 2 vol. in-12. ornés de 25 figures. 1822.　4 f. p. 6 f.

AVENTURES (les) de Télémaque, par *Fénélon*; avec un Discours sur la Poésie épique, et les Aventures d'Aristonoüs. 1 vol. in-12. orné de 13 gravures. *Paris*, 1821.　2 f. p. 3 f. 50 c.

BEAUTÉS de l'Histoire, ou Tableau des Vertus et des Vices. Quatrième édition. 1 vol. in-12. orné de 4 figures. *Paris*, 1817.　2 f p. 5 f.

BEAUTÉS de l'Histoire du Canada, ou Époques remarquables, traits intéressans, mœurs, usages, coutumes des habitans du Canada, tant indigènes que colons, depuis sa découverte jusqu'à ce jour. 1 fort volume in-12. orné de 8 gravures. *Paris*, 1821.　2 f. 75 c. p. 4 f.

BEAUTÉS de l'Histoire du Mexique, ou Époques remarquables, mœurs, usages, etc. depuis les temps les plus reculés jusqu'à nos jours. 1 vol. in-12. orné de 6 fig. *Paris*, 1822.　2 f. p. 3 f.

BEAUTÉS de l'Histoire de Paris, ou Précis de ce qu'il y a de plus curieux dans les annales de cette superbe capitale, l'origine de ses monumens, des particularités sur plusieurs de ses rues; ouvrage consacré à l'instruction et à l'amusement de la jeunesse; par *P. J. B. Nougaret*. 1 fort vol. in-12. orné de figures. *Paris*, 1821.　2 f. 75 c. p. 4 f.

BEAUTÉS naturelles et historiques des îles, des montagnes et des volcans, par *Caillot*. 1 vol. in-12. orné de 6 figures. *Paris*, 1822.　2 f. p. 3 f.

BÉLISAIRE, par *Marmontel.* 1 vol. in-18. figures. *Paris,* 1819. 1 f. p. 1 f. 50 c.

BIBLIOTHÈQUE des enfans et des adolescens, contenant des historiettes morales, instructives et amusantes, imitées de l'allemand de *Campe.* 4 volumes in-18. ornés de 16 fig. *Paris,* 1821. 4 f. p. 6 f.

BIBLE (la) enfin expliquée, par plusieurs aumôniers, par *Voltaire.* Jolie édition. 1 gros vol. in-12. *Paris,* 1821. 1 f. 75 c. 2 f. 50 c.

BUFFON (le) des Demoiselles, contenant l'Histoire générale des Oiseaux, et l'Histoire naturelle des Quadrupèdes des quatre parties du monde : ouvrage rédigé d'après *Buffon.* Suivi d'un Traité sur l'art d'empailler les oiseaux. 4 vol. in-12. ornés du portrait de *Buffon* et de 140 planches. *Paris,* 1819. 9 f. p. 15 f.

BUFFON des Écoles, ou Histoire naturelle, d'après la classification de *Linné.* Troisième édition. 2 vol. in-12. ornés de 150 fig. *Paris,* 1819. 5 f. p. 7 f. 50 c.

BUFFON (le Nouveau) de la Jeunesse, ou Précis élémentaire de l'Histoire naturelle, à l'usage des deux sexes. Nouvelle et belle édition, ornée de 134 figures. 4 vol. in-18. *Paris,* 1822. 5 f. p. 8 f.

CABINET (le) du petit Naturaliste. 1 vol. in-18. orné de 66 fig. color. cartonné. 1 f. 75. p. 2 f. 50 c.

CARACTÈRES (les) de La Bruyère, suivis des caractères de Théophraste. Très belle édition, 2 vol. in-12. *Paris,* 1822. 4 f. p. 6 f.

CARACTÈRES (les) de Théophraste et de La Bruyère, avec des Notes de *Coste.* 2 vol. in-12. 1819. 3 f. p. 5 f.

CENDRILLON (la Petite), ou Histoire d'une jeune Orpheline, par l'auteur du Coin du Feu de la Bonne Maman. 1 vol. in-18. orné de six figures. *Paris,* 1820. 1 f. p. 1 f. 50 c.

CENSEUR (le) des Censeurs, ou Mémoires pour servir à l'Histoire de la révolution du 20 mars 1815. 1 vol. in-4. 3 f. p. 5 f.

CHAMFORTIANA, ou Recueil choisi d'Anecdotes piquantes et de Traits d'esprit, de *Chamfort;* précédé d'une Notice sur sa vie et ses ouvrages. 1 vol. in-12. 1 f. 25 c. p. 2 f.

CHEFS-D'ŒUVRE de Morale, à l'usage de la jeunesse, par *Lemaire.* 2 gros vol. in-12. fig. *Paris,* 1820. 4 f. p. 6 f.

CICERONIS (M. *Tullii*) *Eclogæ quas in usum puerorum selegit Olivetus.* 1 volume in-18. 40 c. p. 60 c.

COIN (le) du Feu des Braves, ou Recueil de Traits d'héroïsme, d'humanité, de grandeur d'âme, de saillies, etc., des guerriers français pendant et depuis la révolution. 1 vol. in-18. figures. *Paris,* 1818. 1 f. p. 1 f. 50 c.

COIN (le) du Feu de la bonne Maman. Quatrième édition. 2 vol. in-18. ornés de 12 figures. *Paris,* 1821. 2 f. p. 3 f.

COLLECTION de Pièces importantes relatives à la révolution française; par les hommes qui en ont été les acteurs ou les victimes. Cette Collection devra former 50 volumes in-12. ou in-18. et déjà les articles suivans, qui se vendent séparément, paraissent :

— CONSTITUTIONS (les) DE LA FRANCE, depuis celle de 1791 jusqu'à la Charte constitutionnelle, avec des commentaires et une introduction sur les évé-

nemens qui les ont amenées; par *Léon Thiessé.* 2 volumes in-12. 4 f. 50 c. p. 6 f.

— LE MÊME OUVRAGE. 2 vol. in-18. 3 f. p. 4 f.

— PRÉCIS DE LA RÉVOLUTION FRANÇAISE, par *Rabaut Saint-Étienne.* Nouvelle édition complète, et augmentée de réflexions du même auteur. 1 vol. in-12. 2 f. 25 c. p. 3 f.

— LE MÊME OUVRAGE. 1 vol. in-18. 1 f. 50 c. p. 2 f.

— TABLEAU DE LA RÉVOLUTION FRANÇAISE, depuis son origine jusqu'en 1814, par M. *de Norvins.* Seconde édition. 1 vol. in-12. fig. 2 f. 25 c. p. 3 f.

— LE MÊME OUVRAGE. 1 vol. in-18. 1 f. 50 c. p. 2 f.

— POÉSIES RÉVOLUTIONNAIRES ET CONTRE-RÉVOLUTIONNAIRES, ou Recueil classé par époques, des hymnes, chants guerriers, chansons républicaines, odes, satires, cantiques des missonnaires les plus remarquables qui ont paru depuis trente ans. 2 vol. in-12. portraits. 4 f. 50 c. p. 6 f.

— LE MÊME OUVRAGE. 2 vol. in-18. 3 f. p. 4 f.

— INSURRECTION (de l') PARISIENNE du 14 juillet 1789, et de la prise de la Bastille, par *Dussaulx.* 1 vol. in-12. 2 f. 25 c. p. 3 f.

— LE MÊME OUVRAGE. 1 vol. in-18. 1 f. 50 c. p. 2 f.

— MÉMOIRES SUR LA BASTILLE, par *Linguet;* suivis d'anecdotes sur ce château fort et sur les prisons d'état. 1 vol. in-12. 2 f. 25 c. p. 3 f.

— LE MÊME OUVRAGE. 1 vol. in-18. 1 f. 50 c. p. 2 f.

— MÉMOIRES DU GÉNÉRAL DUMOURIEZ, écrits par lui-même, précédés d'une Notice sur sa vie. 2 vol. in-12. 4 f. 50 c. p. 6 f.

— LE MÊME OUVRAGE. 2 vol. in-18. 3 f. p. 4 f.

COMPÈRE (le) Mathieu, ou les Bigarrures de l'esprit humain. 3 vol. in-12. 4 f. p. 6 f.

COMPÈRE (le) Mathieu, ou les Bigarrures de l'esprit humain. 4 vol. in-18. fig. 2 f. 50 c. p. 4 f.

CONCORDAT entre Léon dix, souverain Pontife, et François premier, Roi de France; traduit pour la première fois du latin en français. 1 vol. in-12. Portrait. *Paris,* 1817. 1 f. 20 c. p. 2 f.

CONFISEUR (le) Royal, contenant la manière de faire les confitures, compotes, dragées; la composition des liqueurs, crèmes, ratafias et fruits à l'eau-de-vie, etc. Sixième édition. 1 vol. in-12. avec 3 pl. *Paris,* 1821. 2 f. p. 3 f.

CONJURATION des Espagnols, par *Saint-Réal.* 1 vol. in-18. fig. 75 c. p. 1 f. 25 c.

CONSIDÉRATIONS sur les Causes de la grandeur et de la Décadence des Romains, par *Montesquieu.* 1 vol. in-12. 1 f. 25 c. p. 2 f.

CONSIDÉRATIONS sur le Jeu, les Joueurs, la Théorie des jeux du hasard, les Calculs de probabilités, etc.; par *Lablée.* Nouvelle édition. 1 vol. in-12. fig. 1816. 1 f. 20 c. p. 2 f.

CONTES (nouveaux) et Conseils à mes Enfans, faisant suite aux Petits Contes et Conseils à mes jeunes Enfans, par l'auteur d'une Année de bonheur. Jolie édition. 1 vol. in-12. orné de 12 vignettes. *Paris,* 1822. 1 f. 75 c. p. 2 f. 50 c.

CONTES des Fées, par *Perrault.* 1 vol. in-18. avec 11 figures. 75 c. p. 1 f. 25 c.

CONTES à mon Fils, par *Kotzebue,* trad. de l'allemand par *Fréville.* Seconde édition. 2 volumes in-12. ornés de 11 gravures, et titres gravés. *Paris,* 1822. 6 f. p. 8 f.

CONTES d'une Marraine, ou Historiettes instructives, amusantes et morales, à la portée de l'enfance et de la jeunesse ; traduits de l'anglais par M. *Bertin.* Seconde édition. 2 vol. in-18. 8 figures. *Paris*, 1818. 2 f. p. 3 f.

CONTES merveilleux, ou Choix des meilleurs Contes de mesdames *d'Aulnoy, Fagan, de Villeneuve, L'Héritier, L'Évêque.* 4 vol. in-12. ornés de jolies figures. 6 f. 50 c. p. 10 f.

CONTES moraux, par *Imbert.* 2 volumes in-12. *Paris*, 1806. 3 f. 50 c. p. 5 f.

CONTES (nouveaux) moraux, traduits de l'allemand d'*Auguste Lafontaine;* par *Propiac.* 2 vol. in-12. fig. 3 f. p. 5 f.

CONTRAT (du) social, ou Principe du droit politique ; par *J. J. Rousseau.* Jolie édition. 1 volume in-18. *Paris*, 1820. 1 f. p. 1 f. 50 c.

CORNELII Taciti que exstant opera, juxta accuratissimam D. Lallemand *editionem*, jolie édit. 1 gros vol. in-12. 1820. 2 f. p. 3 f. 50 c.

CORNELIUS Nepos. 1 vol. in-12. petit papier, édition ordinaire. 60 c. p. 1 f.

CORNELIUS Nepos, traduit littéralement en français, **avec des** notes et une table géographique, par l'abbé *Paul.* Quatrième édition. 1 vol. in 12. *Paris*, 1820. 2 f. p. 3 f.

CORRESPONDANCE authentique de la cour de Rome avec la France, depuis l'invasion de l'état romain jusqu'à l'enlèvement du souverain Pontife ; suivie des Pièces officielles, etc. Nouvelle édition. 1 vol. in-8. portrait. 2 f. p. 3 f.

COMPLÉMENT de la Correspondance de la cour de Bonaparte, contenant les Allocutions de N. S. P. le Pape, prononcées dans les Consistoires secrets de 1818 ; suivie d'une Dissertation sur le droit du Pape ; par *Alphonse Muzarelli.* Seconde édition. 1 vol. in-8. fig. 3 f. p. 5 f.

COURS d'Études à l'usage des jeunes gens, par *Condillac;* renfermant : la Grammaire, la Logique, l'Art de Penser, l'Art d'Écrire, l'Art de Raisonner, la Langue des Calculs et l'Étude de l'Histoire. Nouvelle édition, revue, corrigée et augmentée d'une Notice sur la vie de l'auteur. *Paris*, 1821. 10 vol. in-18. ornés de figures et d'un joli portrait de Condillac. 12 f. p. 15 f.

COURS de Littérature, composé des articles répandus dans les divers ouvrages de Voltaire, sur les matières de goût et de critique, sur les différens genres de style, et sur les auteurs français et étrangers les plus célèbres ; mis en ordre par *Savy-Laroque.* 1 vol. in 8. *Paris*, 1817. 3 f. p. 6 f.

COURS de Rhétorique française, à l'usage des jeunes rhétoriciens, par l'abbé *Paul.* Nouvelle édition. 1 vol. in-12. 1820. 1 f. 50 c. p. 2 f. 50 c.

COURS théorique et pratique de Maréchalerie vétérinaire, à l'usage des élèves des écoles vétérinaires, des maréchaux, des corps de cavalerie, des maîtres de postes, des cultivateurs et de toutes les personnes qui ont des animaux susceptibles d'être ferrés ; par *F. Jauze*, vétérinaire, ex-professeur des Écoles d'Économie rurale vétérinaire de Milan et d'Alfort. 1 gros vol. in-4. imprimé avec soin sur beau papier, et orné de 110 planches, dessinées d'après nature à l'École vétérinaire de Milan, par M. *Jacob*, dessinateur de S. A. R. le prince Eugène de Bavière, et gravées par *Bougon*, médailliste de la Société d'encouragement de Paris. 21 f. p. 30 f.

CRIMES de la Révolution française. 1 vol. in-8. *Paris*, 1821. 1 f. 50 c. p. 2 f. 50 c.

LE MÊME ouvrage, papier vélin. 2 f. 50 c. p. 4 f.

CUISINIER (le) royal, ou l'Art de faire la cuisine, la pâtisserie, et tout ce qui concerne l'office pour toutes les fortunes ; par M. *Viard.* Onzième édition. 1 vol. in-8. *Paris*, 1822. 5 f. 50 c. p. 7 f. 50 c.

CURIOSITÉS naturelles, historiques et morales de l'empire de la Chine, ou Choix des Traits les plus intéressans de l'Histoire de ce pays, à l'usage de la jeunesse. 2 vol. in-12. ornés de 12 gravures. *Paris*, 1818. 4 f. p. 6 f.

DÉLASSEMENS de l'homme sensible, par d'*Arnaud.* 12 gros vol. in-12. 15 f. p. 24 f.

DELPHINE, par madame *de Staël-Holstein.* Nouvelle édition. 6 vol. in-18. ornés de 6 jolies figures. *Paris*, 1819. 6 f. p. 9 f.

DESCRIPTION des Mœurs, Usages et Coutumes de tous les Peuples du monde. 1 vol. in-12. orné de 13 figures coloriées. 2 f. 50 c. p. 3 f. 50 c.

DIALOGUES sur l'Éloquence en général, et sur celle de la Chaire en particulier, avec une lettre écrite à l'Académie française, par *Fénélon.* 1 vol. in-12. *Paris*, 1820. 1 f. 50 c. p. 2 f. 50 c.

DIALOGUES des Morts, par *Fénélon.* 1 vol. in-12. *Paris*, 1820. 1 f. 50. c. p. 2 f. 50 c.

DICTIONNAIRE d'Amour. 1 vol. in-12. orné de 2 jolies figures. *Paris*, 1821. 2 f. 25 c. p. 3 f.

DICTIONNAIRE historique d'éducation, par *Fillasier.* Nouvelle édition, augmentée d'un grand nombre d'articles et d'une Table des personnages. 3 vol. in-8. *Paris*, 1818. 12 f. p. 18 f.

DICTIONNAIRE (petit) historique d'éducation, ou Recueil alphabétique des traits de l'histoire ancienne et de l'histoire moderne, les plus propres à former le cœur et l'esprit de la jeunesse. 1 gros volume in-12. orné d'une jolie figure. *Paris*, 1819. 3 f. 25 c. p. 5 f.

DICTIONNAIRE de la Fable, par *Chompré.* 1 vol. in-18. 1 f. 20 c. p. 2 f.

DICTIONNAIRE de la Folie et de la Raison, contes, anecdotes, etc. ; par *Collin de Plancy.* 2 vol. in-12. *Paris*, 1820. 3 f. 50 c. p. 5 f.

DICTIONNAIRE universel de la Langue française, avec la prononciation figurée ; par *Gattel.* Troisième édition, revue, corrigée et considérablement augmentée. 2 gros vol. in-8. grand papier. *Lyon*, 1819. 15 f. p. 24 f.

DICTIONNAIRE français, par ordre d'analogie, savoir : dans les finales ou rimes, dans la classification des mots, dans le genre des substantifs et des adjectifs, dans l'orthographe, comme doublement des consonnes, etc., dans la prononciation, *contenant* 4000 mots de plus que le Dictionnaire de l'Académie, et 3000 vers, pris dans les classiques, pour servir d'exemples de toutes les rimes et de leurs homonymies ; *distribué* d'après un double ordre alphabétique, qui facilite les recherches, rapproche les analogies, et fait éviter les renvois ; par M. *Lemare*, auteur des Cours de Langue latine et française. 1 gros vol. in-8. de plus de 800 pages. *Paris*, 1820. 7 f. p. 9 f.

DICTIONNAIRE (nouveau) de la Langue française, le plus portatif et le plus complet, ou Manuel d'orthographe et de prononciation ; par M. *Marguery.* 1 gros vol. in-16. *Paris*, 1818. 3 f. p. 5 f.

DICTIONNAIRE (nouveau) universel de la Langue française, avec la prononciation à côté de chaque mot, rédigé d'après le Dictionnaire de l'Académie ; par *Rolland*. 3 vol. in-8. 12 f. p. 21 f.

DICTIONNAIRE abrégé des Mythologies de tous les peuples, tant anciens que modernes, augmenté d'un nombre considérable d'articles qui ne se trouvent dans aucun autre abrégé de mythologie. 2 vol. in-18. grand raisin. 3 f. p. 6 f.

DICTIONNAIRE portatif des Rimes, de *Richelet* ; précédé d'un Traité de l'art poétique, et des règles de la versification. Nouvelle édition, augmentée : par *Lions*. 1 vol. in-12. 2 f. p. 3 f.

DICTIONNAIRE universel des Synonymes de la langue française, par *Gérard, Beauzée, Roubaud, d'Alembert*, etc. 2 gros vol. in-12. 4 f. p. 6 f.

DISCOURS sur l'Histoire universelle, par *Bossuet*, depuis le commencement du monde jusqu'à l'empire de Charlemagne. Belle édition. 6 volumes in-18. 5 f. p. 8 f.

ÉCHO des Salons de Paris, ou Recueil d'Anecdotes sur Napoléon, sa cour et ses agens. 3 vol. in-12. *Paris*, 1815. 4 f. 50 c. p. 7 f. 50 c.

ECOLE des Arts et Métiers, mise à la portée de la jeunesse, traduit de l'anglais par *Bertin*. 2 vol. in-18. ornés de 25 figures. 2 f. 50 c. p. 4 f.

ÉCOLE du Cavalier, à pied et à cheval ; suivie du Règlement sur l'exercice et les manœuvres de la lance, etc. 1 vol. in-18 planches. 1 f. p. 1 f. 50 c.

ÉCOLE des jeunes demoiselles, ou Lettres d'une mère vertueuse à sa fille, avec les réponses de la fille à sa mère ; par l'abbé *Reyre*. 2 volumes in-12. figures. 1822. 3 f. 50 c. p. 5 f.

ÉCOLE du Soldat et de Peloton. 1 vol. in-18. 65 c. p. 1 f.

ÉCOLIER (l') de Brienne, ou le Chambellan indiscret, Mémoires historiques et inédits sur Napoléon, publiés par le baron de B***. 3 vol. in-12. et *fac simile*. 1818. 4 f. 50 c. p. 7 f. 50 c.

ÉDUCATION des Filles, par *Fénélon*. 1 vol. in-18. portrait. *Paris*, 1811. 1 f. p. 1 f. 50 c.

ÉLEMENS de la conversation anglaise, ou Dialogues familiers, en anglais et en français ; par *John Perrin*. Nouvelle édition, augmentée de Lettres ; par *Fain*. 1 vol. in-12. *Paris*, 1822. 75 c. p. 1 f. 20 c.

ÉLÉMENS de Cosmographie, ou Introduction à la Géographie universelle, contenant la Description des mouvemens et dimensions de la terre, les divisions du globe, la situation des empires, royaumes, etc. ; traduit de l'anglais de *Tourner*, sur la neuvième édition ; par *Donnant*. 1 vol. in-12. orné de 7 belles cartes et d'une nouvelle montre géographique. 1 f. 75 c. p. 3 f.

ÉLÉMENS de l'Histoire de France, depuis Clovis jusqu'à Louis XV ; par M. l'abbé *Millot*, continués jusqu'en 1822. Nouvelle édition. 4 volumes in-12. figures. *Paris*, 1822. 9 f. p. 12 f.

ÉLEMENS de l'Histoire générale, ancienne et moderne, par l'abbé *Millot*, de l'Académie française, continués jusqu'en 1816 par M. *Millon*, professeur de la Faculté des Lettres de l'Académie de Paris. 10 gros vol. in-12. *Paris*, 1820. 21 f. p. 30 f.

ÉLEMENS de la Langue anglaise, par *Siret* ; contenant les Élémens de cette langue, ou Méthode pratique pour l'apprendre facilement, avec des dialogues relatifs à tous les besoins de la vie, et des modèles de lettres en anglais et en français. Nouvelle

édition, revue et corrigée par *Poppleton*. 1 vol. in-12. *Paris*, 1820. 1 f. 25 c. p. 2 f.

ÉLÉMENS de Mythologie, par *Basseville*. Nouvelle édition. 1 vol. in-12. avec beaucoup de figures, 1817. 2 f. 25 c. p. 3 f. 50 c.

ENTRETIENS, Drames et Contes moraux à l'usage des enfans, par madame *Lafitte*. 4 vol. in-18. ornés de 20 fig. *Paris*, 1820. 4 f. p. 6 f.

EPITOME Historiæ sacræ, de Lhomond, latin et français. Nouvelle édition, augmentée de notes, par *Brughat*. 1 vol. in-18. 60 c. p. 1 f.

ÉPONINE et Sabinus, par *Leclerc*, correspondant de l'Institut. 1 vol. in-8. 1817. 3 f. p. 6 f.

ESPRIT (l') de l'Église, ou Histoire ecclésiastique, depuis les Apôtres jusqu'à nos jours, avec des considérations philosophiques et politiques sur l'Histoire des *Conciles et des Papes* ; par *de Potter*. 8 vol. in-8. *Paris*, 1821. 40 f. p. 48 f.

ESSAIS sur l'Histoire naturelle des quadrupèdes du Paraguay, formant la suite nécessaire aux Œuvres de Buffon ; traduits de l'espagnol de dom *Félix d'Azara*, par M. *Moreau Saint-Méry*. 2 vol. in-8. *Paris*, 1801. 6 f. p. 10 f.

ESSAIS de Montaigne, nouvelle et très jolie édition, imprimée par M. *Crapelet*. 6 forts volumes in-18. *Paris*, 1818. 11 f. p. 15 f.

LE MÊME ouvrage, sur grand raisin d'Auvergne. 15 f. p. 21 f.

ESSAIS de Montaigne, avec ses Lettres, et le Discours de *La Boetie* sur la Servitude volontaire, ou le Contre un ; édition enrichie des Notes de *Coste*. 16 vol. in-18. *Paris*, 1801. 10 f. p. 20 f.

EXEMPLES (les) célèbres, ou Choix de Faits historiques et d'Anecdotes propres à orner la mémoire, par M. *Lemaire*. Seconde édition. 1 vol. in-12. orné de 6 gravures. *Paris*, 1819. 2 f. p. 3 f.

FABLES complètes d'Ésope, représentées en 145 gravures, 2 parties en 1 vol. in-4. papier vélin, cartonné à la *Bradel*. 10 f. p. 15 f.

FABLES de Florian. 1 vol. in-12. orné de 110 vignettes et portrait. *Paris*, 1822. 3 f. p. 4 f. 50 c.

FABLES, par *Gosse*, auteur du Médisant et des Proverbes dramatiques. Jolie édition. 1 vol. in-12. fig. *Paris*, 1821. 1 f. 50 c. p. 3 f.

FABLES de La Fontaine, belle édition, imprimée avec soin sur papier grand raisin. 2 vol. in-18. avec titres gravés, ornés de deux jolies vignettes. *Paris*, 1821. 3 f. 50 c. p. 6 f.

FABLES de La Fontaine. 2 vol. in-18. ornés de 247 fig. en taille-douce. *Paris*, 1822. 5 f. p. 7 f. 50 c.

FABLES complètes de Phèdre, trad. en vers français, avec le texte en regard et des Notes. Édition augmentée de trente-deux nouvelles Fables, publiées d'après le manuscrit *Perrotti*. 1 vol. in-8. belle édition. *Paris*, 1813. 3 f. p. 6 f.

FEMMES (les), leur condition et leur influence dans l'ordre social chez les différents peuples ; par M. *de Ségur*. Nouvelle édition. 3 volumes in-12. figures. *Paris*, 1819. 6 f. p. 9 f.

FRANCE (la) sous ses Rois, ou Essai historique sur les causes qui ont préparé et consommé la chute des trois premières dynasties ; par *A. H. Dampmartin*. 5 vol. in-8. fig. 18 f. p. 30 f.

GRAMMAIRE française, par *F. B***.* 1 volume in-8. *Paris*, 1813. 1 f. 20 c. p. 2 f.

GRAMMAIRE française démonstrative, par *J. N. Blondin*, secrétaire interprète à la Bibliothéque du Roi. Huitième édition, entièrement refondue, dans laquelle on présente, en tableaux, la conjugaison affirmative et interrogative des verbes réguliers et irréguliers ; où, par deux seules règles, on donne la solution de la variabilité et de l'invariabilité des participes passés ; où sont traitées enfin les questions les plus importantes de la langue française. 1 vol. in-8. *Paris*, 1822.   1 f. 50 c. p. 2 f.

GRAMMAIRE latine démonstrative, comparée par analogie avec le français ; par le même. Seconde édition. 1 vol. in-8. *Paris*, 1822.   2 f. 25 c. p. 3 f.

GRAMMAIRE générale, par *Istarac*, ancien professeur de grammaire générale et de mathématiques. 2 volumes in-8. *Paris*, 1811.   9 f. p. 12 f.

CRÉTRY en l'amille, ou Anecdotes littéraires et musicales sur ce célèbre compositeur ; par *Crétry* neveu. 1 vol. in-12. portrait. 1814.   1 f. 25 c. p. 2 f.

HENRIADE (la), poëme avec les notes et variantes, suivi de l'Essai sur la Poésie épique, par *Voltaire*. Nouvelle édition. 1 vol in-12. orné de 12 figures. *Paris*, 1820.   2 f. p. 3 f.

HISTOIRE du Bas-Empire, commençant à Constantin-le-Grand ; par *Le Beau*, de l'Académie des Inscriptions. 13 gros volumes in-8. imprimés par M. *Didot jeune*. *Paris*, 1820.   65 f. p. 91 f.

HISTOIRE du chevalier Bayard, par *Guyard de Berville*. Jolie édition. 1 volume in-12 portrait. 1816.   1 f. 50 c. p. 2 f. 50 c.

HISTOIRE de Charles XII, par *Voltaire*. 1 volume in-12.   1 f. 50 c. p. 2 f. 50 c.

HISTOIRE des Chevaux célèbres, contenant un Recueil d'anecdotes relatives à ce noble animal. Seconde édition. 1 volume in-12. figures. *Paris*, 1821.   2 f. p. 3 f.

HISTOIRE de Bertrand Duguesclin, par *Guyard de Berville*. Nouvelle et jolie édition. 2 vol. in-12. *Paris*, 1821.   3 f. p. 5 f.

HISTOIRE des Empereurs Romains, par *Crévier*. 6 vol. in-8. imprimés par M. *Didot jeune*, avec un Atlas in-4. *Paris*, 1819.   30 f. p. 45 f.

HISTOIRE de l'empire de Turquie, depuis son origine ; contenant des détails intéressans sur la formation de cet empire, ses guerres, ses révolutions, etc. ; par *Lemaire*. 1 fort vol. in-12. orné de 12 figures. *Paris*, 1822.   2 f. 50 c. p. 4 f.

HISTOIRE de France depuis les Gaulois jusqu'à la mort de Louis XVI, par *Anquetil*. Nouvelle édition, revue et corrigée. 15 gros vol. in-18. *Paris*, 1820.   20 f. p. 30 f.

HISTOIRE de Gil Blas, par *Le Sage*. Nouvelle édition. 4 gros vol. in-12. bien imprimés par *Didot jeune*, et ornés de 12 belles gravures nouvelles. *Paris*, 1818.   12 f. p. 18 f.

— LE MÊME OUVRAGE. 6 vol. in-18. avec les 12 grav. *Paris*, 1818.   6 f. p. 10 f.

HISTOIRE politique et civile des trois premières Dynasties françaises, par *Laboulinière*. 3 volumes in-8.   9 f. p. 15 f.

HISTOIRE de la Révolution de France, depuis la première assemblée des notables, en 1787 jusqu'à l'abdication de Bonaparte ; par *Lantin Desodoards*. Septième édition. 6 forts volumes in-8. *Paris*, 1820.   20 f. p. 30 f.

HISTOIRE de madame de Maintenon et de la Cour de Louis XIV, par *Lafont d'Aussonne*. Troisième édition. 2 volumes in-12. avec portrait. *Paris*, 1820.   4 f. p. 6 f.

HISTOIRE des Révolutions romaines, par *Vertot*. 2 vol. in-12.   4 f. p. 6 f.

HISTOIRE des Révolutions de Suède, par le même. 1 vol. in-12.   1 f. 50 c. p. 2 f. 50 c.

HISTOIRE des Révolutions de Portugal, par le même. 1 vol. in-12.   75 c. p 1 f. 25 c.

HISTOIRE Romaine, par *Rollin*. Nouvelle édition. 16 vol. in-12. 1820.   30 f. p. 48 f.

HISTOIRE de Samuel, inventeur du sacre des rois, par *Volney*. Seconde édition, augmentée de nouveaux éclaircissemens. 1 volume in-12. *Paris*, 1820.   1 f. 75 c. p. 2 f. 50 c.

HISTOIRE (l') véritable, et Lucien ou l'asne ; trad. du grec de *Lucien*. 1 vol. pet in-12.   1 f p. 1 f. 50 c.

HISTORIETTES et Contes à ma petite fille et à mon petit garçon. 1 vol. in-18. orné de 17 figures coloriées *Paris*, 1821.   1 f. p. 1 f. 50 c.

HYGIÈNE militaire, ou Règles pour conserver la santé des militaires, tant de terre que de mer ; par *Tessier*, ancien chirurgien-major. 1 volume in-12.   75 c. p. 1 f. 50 c.

INCAS (les), ou la Destruction de l'empire du Pérou ; par *Marmontel*. 2 vol in-18. fig. *Paris*, 1820.   1 f. 80 c. p. 3 f.

LE MÊME ouvrage. 3 vol. in-18. fig.   2 f. p. 3 f. 50 c.

INCAS (les), par *Marmontel*. Belle édition, imprimée par MM. *Firmin Didot* père et fils, sur papier grand raisin. 2 vol. in-32. ornés de 4 jolies gravures *Paris*, 1821.   3 f. 50 c. p. 6 f.

INTRODUCTION à la connaissance de la nature, par *Berquin*. 1 vol. in-18. fig.   1 f. p. 1 f. 50 c.

INSTRUCTIONS sur l'Histoire de France et Romaine, par *Le Ragois*. Nouvelle édition, revue, corrigée, et continuée jusqu'en 1816. 2 volumes in-12.   2 f. p. 3 f.

JÉRUSALEM (la) Délivrée ; traduite de l'italien par *Lebrun* ; enrichie de la Vie du Tasse. Belle édition. 2 vol. in-8. ornés d'un portrait et de 20 jolies figures. *Paris*, 1814.   17 f. p. 25 f.

JÉRUSALEM (la) Délivrée ; traduite par *Lebrun*. Nouvelle édition, enrichie de la Vie du Tasse. 2 gros vol. in-18.   2 f. 50 c. p. 4 f.

JÉRUSALEM (la) Délivrée ; traduite en vers français, par *Baour-Lormian* de l'Académie française. Belle édition. 2 vol. in-8. ornés de quatre jolies gravures. *Paris*, 1821.   10 f. p. 12 f.

— LE MÊME OUVRAGE. 3 vol. in-18. grand raisin, ornés de 6 belles gravures et 3 vignettes. *Paris*, 1822.   8 f. p. 10 f.

JEUX de l'Enfance, avec des Dialogues et Historiettes morales et amusantes ; traduits de l'anglais, par *Bertin*. Troisième édition. 2 vol. in-18, ornés de 24 figures. *Paris*, 1820.   2 f. 50 c. p. 4 f.

JEUX de l'enfance et de la jeunesse. 1 vol. in-16. orné de 12 fig. color. cartonné.   1 f. 50 c. p. 2 f. 50 c.

JEUX (les) innocens de Société, par madame *Tardieu Denesle*. Nouvelle édition. 1 vol. in-18. orné de 6 jolies grav. *Paris*, 1821.   1 f. 50 c. p. 2 f. 50 c.

JUGEMENT impartial sur Napoléon, ou Considérations philosophiques sur son Caractère, son Élévation, sa Chute, et les Résultats de son Gouvernement ; suivi d'un Parallèle entre Napoléon et Cromwell, et entre la Révolution Française et celle d'Angleterre; par H. Azaïs, avec cette épigraphe :

Si nous voulons être libres, commençons par être justes.

1 vol in-8. *Paris*, 1820. 3 f. 50 c. p. 5 f.

JULIETTA, ou le Triomphe du cœur et de l'esprit sur les défauts de conformation ; traduit de l'anglais. 2 vol. in-18. ornés de 6 jolies fig. 2 f. p. 3 f.

LA FONTAINE (ses Fables) et tous les Fabulistes, ou La Fontaine comparé avec ses modèles et ses imitateurs; nouvelle édition, avec des observations critiques et littéraires; par *Guillon*. 2 vol. in 8. très bien imprimés. *Paris*, 1803. 6 f. p. 10 f.

LETTRES sur l'Angleterre, ou deux années à Londres. Seconde édition, augmentée d'une lettre sur la Marine anglaise, et d'un Voyage en Écosse; par madame *D'Avot*. 1 volume in-8. *Paris*, 1821. 3 f. 50 c. p. 5 f.

LETTRES Choisies du comte Chesterfield à son fils. 1 vol. in-18. 60 c. p. 1 f.

LETTRES de Cicéron à Brutus, et de Brutus à Cicéron ; nouvelle édition, avec une préface, des notes et diverses pièces choisies; le texte en regard. 1 vol. in-12. 1 f. 50 c. p. 2 f. 25 c.

LETTRES à Émilie sur la Mythologie, par *Demoustier*. Nouvelle édition, imprimée par M. *Didot jeune*, sur carré fin d'Auvergne. 2 vol. in-8. ornés de 6 figures. *Paris*, 1820. 9 f. p. 12 f.

LETTRES sur l'Italie, par *Dupaty*. Belle édition. 3 volumes in-18. ornés de jolies gravures. *Paris*, 1822. 2 f. 50 c. p. 3 f. 50 c.

— LE MÊME OUVRAGE. 3 vol. in-18. fig. 1819. 2 f. p. 3 f.

LETTRES de quelques Juifs portugais, etc. à M. de Voltaire; par l'abbé *Guénée*. 3 gros vol. in-12. 1822. 6 f. p. 9 f.

LETTRES de Ninon de Lenclos, au marquis de Sévigné, avec sa Vie. Nouvelle édition. 2 vol. in-18. portrait. *Paris*, 1820. 2 f. p. 3 f.

LETTRES de Pline le jeune, suivies du Panégyrique de Trajan; traduites par *de Sacy*, avec le texte latin en regard. Nouvelle édition. 3 gros volumes in-12. *Paris*, 1820. 6 f. 50 c. p. 9 f.

LETTRES de Madame de Sévigné à sa fille et à ses amis, d'après l'édition in-8. publiée par M. *Grouvelle*. 13 vol. in-12. ornés de 2 portraits (le treisième vol. est inédit). 25 f. p. 36 f.

LETTRES de madame de Sévigné à sa fille et à ses amis, d'après l'édition in-8. publiée par M. *Grouvelle*. 12 vol. in-18. ornés de 2 portr. 16 f. p. 25 f.

LETTRES choisies de madame de Sévigné. 3 vol. in-18. 2 f. p. 3 f.

LYRE (la) de l'amille, ou Recueil de vers et de couplets pour la nouvelle Année, Mariages, Naissances, Fêtes, Anniversaires, etc. ; suivis de Bouquets et Complimens en prose. 1 vol. in-18. figures. *Paris*, 1819. 1 f. p. 1 f. 50 c.

MAGASIN des Enfans, par mad. *Leprince de Beaumont*. 4 vol. in-18, avec 12 grav. 2 f. 50 c. p. 4 f.

MAGASIN des Adolescentes, par la même. 4 vol. in-18. avec 4 grav. 3 f. p. 5 f.

MAGASIN des jeunes Dames, par la même. 4 vol. in-18 avec 4 grav. 3 f. 60 c. p. 6 f.

MAGASIN (petit) des Enfans; Recueil d'Historiettes, Dialogues et Contes moraux instructifs et amusans; par *Campe*, *Berquin* et autres. 1 volume in-18. orné de 8 figures coloriées. *Paris*, 1822. 1 f. p. 1 f. 50 c.

MAISON (la) rustique, ou Cours complet d'Agriculture, d'Économie rurale et domestique, d'après Rozier, Duhamel, Dumonceau, de La Bretonnerie, Lafosse, etc.; par M. *C. D. P. S.* 2 vol. in-8. avec beaucoup de fig. *Paris*. 1818. 10 f. p. 15 f.

MANUEL d'Arithmétique ancienne et décimale. 1 vol. in-18. fig. 1819. 1 f. p. 1 f. 50 c.

MANUEL du Bouvier, du Maréchal expert et du Berger. 1 vol. in-12. fig. 1 f. p. 1 f. 50 c.

MANUEL du Chasseur et des Garde-Chasses, contenant un Traité sur toutes les chasses, un Vocabulaire des termes de vénérie, de fauconnerie et de chasse, les lois, ordonnances, etc., sur le port d'armes, les formules de procès-verbaux qui doivent être dressés par les garde-chasses : suivi d'un Traité sur la pêche, par M. *de Mersan*. Nouvelle édition. 1 gros vol. in-18. avec figures et musique. *Paris*, 1822. 2 f. p 3 f.

MANUEL du Cuisinier et de la Cuisinière bourgeoise, à l'usage de la ville et de la campagne; par M. *Cardelli*, ancien chef d'office. 1 gros vol. in-18. figures. *Paris*. 1822. 1 f. 75 c. p. 2 f. 50 c.

MANUEL du Limonadier, du Confiseur et du Distillateur; contenant les meilleurs procédés pour préparer le café, le chocolat, le punch, les glaces, liqueurs, fruits à l'eau-de-vie, confitures, poudres cosmétiques, vinaigres, eaux-de-vie, etc. par M. *Cardelli*, ancien chef d'office. 1 gros vol. in-18. *Paris*, 1822. 1 f. 75 c. p. 2 f. 50 c.

MANUEL épistolaire, ou Instructions générales et particulières sur les divers genres de correspondance, suivies d'exemples puisés dans nos meilleurs écrivains; par M. *Philippon de la Madeleine*. Septième édition. 1 volume in-12. *Paris*, 1820. 1 f. 75 c. p. 2 f. 50 c.

MÉDECINE perfective, ou Code des bonnes mères; par *J. André Millot*. Seconde édition. 2 gros vol. in-8. 8 f. p. 12 f.

MÉMOIRES du comte de Grammont, par *Hamilton*. Nouvelle édition. 2 vol. in-12. ornés de 2 grav. *Paris*, 1818. 3 f. p. 4 f. 50 c.

MÉMOIRES et Prix de l'Académie royale de Chirurgie. Nouvelle édition, avec notes. 12 vol. in-8. accompagnés de 89 pl. *Paris*, 1819. 45 f. p. 72 f.

MÉMOIRES sur les avantages des bandages herniaires omniformes, par *Quinet*, rédigés par *Arbel*. In-8. 1 f. p. 1 f. 50 c.

MÉMOIRE sur l'Hydrocéphale (hydropisie du cerveau), par *Matthey*; ouvrage qui a remporté le prix à l'Académie de Dijon. 1 volume in-8. 1820. 1 f. 50 c. p. 2 f. 50 c.

MÉMOIRES d'Olivier Cromwell et de ses enfans, écrits par lui-même; trad. de l'anglais. 4 vol. in-12. 1816. 5 f. p. 9 f.

MÉMORIAL parisien, ou Paris tel qu'il fut et tel qu'il est par *Dufey*. 1 volume in-12. fig. *Paris*, 1821. 2 f. p. 3 f.

MÉNAGERIE (la) du Muséum, par MM. *Lacépède* et *Cuvier* 2 vol. in-12. ornés de 51 planches en taille-douce, très bien gravées par *Miger*. *Paris*. 1817. 7 f. p. 12 f.

MILLE les et un Jours, contes persans, traduits en français par *Pétis de Lacroix*. 4 vol. in-12. *Paris*, 1822. 6 f. 50 c. p. 10 f.

MODÈLE des Enfans. 1 vol. in-18. avec 11 figures et titre gravé. 1 f. p. 1 f. 50 c.

MORALE (la) en action, ou Élite de faits mémo-
rables et d'anecdotes instructives; à l'usage des
colléges et des maisons d'éducation. 1 fort volume
in-12. gros caractère, orné de 4 gravures. *Paris*,
1820. 1 f. 50 c. p. 3 f.

MORALE (la) en exemples. 1 vol. in-12. orné de
figures. 2 f. p. 3 f.

MORCEAUX d'éloquence extraits des sermons des
orateurs protestans français les plus célèbres du
dix-septième siècle, précédés d'une courte Notice
sur la vie de chacun d'eux, par *A. Caillot.* 1 vol.
in-8. *Paris*, 1810. 3 f. p. 5 f.

MORT (la) d'Abel, par *Gessner.* 1 vol. in-18. avec
6 jolies fig. 1 f. p. 1 f. 50 c.

NARRATIONS d'Omaï, insulaire de la mer du
Sud, ami et compagnon de voyage du capitaine
Cook. 4 vol. in-8. fig. 5 f. p 9 f.

NOTIONS fondamentales de l'Art vétérinaire, ou
Principes de médecine pour les animaux domes-
tiques, tels que le cheval, le bœuf, la brebis, le
chien, etc.; par *Delabère-Blaine.* 3 vol in-8. avec
9 planches. 10 f. p. 18 f.

NOUVEL (le) Émile, ou Rêveries d'un homme
sensible. 1 vol. in-12. 1 f. 20 c. p. 2 f.

NOTICE littéraire et historique sur les poètes alsa-
ciens. In-8. 60 c. p. 1 f.

NOUVEAU Guide de Politesse, ouvrage critique et
moral, avec des notes et un petit aperçu littéraire;
par *Emeric.* Seconde édition. 1 vol. in-8. *Paris*,
1822. 3 f. 50 c. p. 5 f.

NOUVEAUX Élémens de Chimie théorique et pratique, par *Fabulet*, pharmacien-major. Seconde
édition considérablement augmentée. 2 vol. in-8.
ornés de 14 pl. 1813. 8 f. p. 12 f.

NUITS (les) d'Young, trad. de l'anglais, par *Le-
tourneur.* Jolie édition, revue et corrigée. 2 vol.
in-12. fig. *Paris*, 1818. 4 f. p. 6 f.
— LE MÊME OUVRAGE. 2 gros vol. in-18. ornés de
2 figures. *Paris*, 1821. 2 f. p. 3 f.

OBSERVATEUR (l') sentimental, ou Correspondance anecdotique, pittoresque, satirique, etc.; par
un Professeur de l'Ecole royale militaire. 1 volume
in-12. fig. 1 f. 20 c. p. 2 f.

ŒUVRES de Bertin. Jolie édition. 2 vol. in-18.
portrait. 2 f. p. 3 f.

ŒUVRES complètes de Boileau. Jolie édition. 3 vol.
in-18. figures. 4 f. p. 6 f.

ŒUVRES de Darnaud; contenant les Épreuves du
Sentiment, les Époux malheureux et les Nouvelles
historiques. 11 gros vol. in-12. 12 f. p. 22 f.

ŒUVRES de Diderot, publiées sur les manuscrits de
l'auteur, par *Naigeon.* 15 gros vol. in-12. avec
figures. *Paris.* 30 f. p. 45 f.

ŒUVRES de Gilbert. Jolie édition. 2 vol. in-18.
portrait. *Paris, Renouard.* 1 f. 75 c. p. 2 f. 50 c.

ŒUVRES de Gresset. 2 vol. in-8. ornés de 7 figures,
papier ordinaire. 7 f. p. 10 f.

ŒUVRES complètes d'Helvétius. Belle édition. 3 vol.
in-8. *Paris*, 1818. 12 f. p. 18 f.

ŒUVRES complètes de F. Hemsterhuis. Belle édition. 2 vol. in-8. ornés de vignettes et de culs-de-
lampe, papier vélin. 10 f. p. 15 f.

ŒUVRES d'Homère, avec des Remarques sur Homère, et sur la traduction des poètes; par *Bitaubé.*
8 vol. in-18. 1820. 8 f. p. 12 f.

ŒUVRES posthumes de Marmontel, contenant sa
Grammaire, Logique, Métaphysique, Mélanges et
Morale. 5 vol. in-8. 12 f. p. 20 f.
— Chaque partie se vend séparément. 2 f. 50 c. p. 4 f.

ŒUVRES de l'abbé Millot, de l'Académie Française, comprenant l'Histoire générale ancienne et
moderne, l'Histoire d'Angleterre et l'Histoire de
France. Nouvelle édit. continuée par MM. *Millon* et *Delisle de Sales.* 12 volumes in-8. *Paris*,
1820. 54 f. p. 72 f.
— LE MÊME OUVRAGE, pap. vél. satiné. 120 f. p. 144 f.

ŒUVRES choisies de Piis. Belle édition. 4 vol. in-8.
portrait. *Paris*, 1810. 6 f. p. 20 f.

ŒUVRES complètes de J. Racine, avec des Commentaires par *Geoffroy.* 7 vol. in-8. bien imprimés
sur papier fin d'Angoulême, et ornés de 15 belles
gravures, de vignettes et titres gravés, et d'un *fac
simile* de l'écriture de *Racine.* 35 f. p. 60 f.

ŒUVRES complètes de J. Racine, avec les variantes,
et une Vie de Racine, par *Geoffroi.* 4 forts volumes in-8. ornés du portrait de Racine et de
12 figures. 16 f. p. 25 f.

ŒUVRES complètes de J. Racine. 4 vol. in-18. ornés
de 12 jolies gravures et du portrait de l'auteur.
Paris, 1817. 5 f. 50 c. p. 8 f. 50 c.
— LE MÊME OUVRAGE, imprimé sur carré fin d'Angoulême, avec les 12 fig. et le portrait. 8 f. p. 12 f.

ŒUVRES complètes de Louis Racine. 6 forts vol.
in-8. portrait. 18 f. p. 30 f.

ŒUVRES complètes de Rulhière, de l'Académie
Française. 6 vol. in-8. Belle édition, ornée du
portrait de l'auteur. *Paris*, 1819. 30 f. p. 40 f.

ŒUVRES de Saint-Lambert de l'Académie française,
contenant le Poëme des Saisons, ses Pièces fugitives, ses Contes, etc. Nouvelle édition. 2 vol.
in-18. ornés de 5 figures. *Paris*, 1822. 2 f. p. 3 f.

ŒUVRES diverses du vicomte de Ségur, contenant
ses Morceaux de littérature, ses Poésies fugitives,
la Correspondance secrète entre Ninon de Lenclos,
le marquis de Villarceaux et madame de Maintenon; précédées d'une Notice sur la vie de l'auteur. 1 vol. in-8. *Paris*, 1819. 4 f. 50 c. p. 6 f.

ORAISON funèbre de S. A. S. Louis-Antoine-Henri
de Bourbon-Condé, duc d'Enghien; par l'abbé
Villefort. in-8. *Paris*, 1818. 2 f. p. 3 f.

ORAISON funèbre de Marie-Antoinette-Josèphe-
Jeanne de Lorraine, archiduchesse d'Autriche,
reine de France; par l'abbé de *Villefort.* In-8.
1816. 2 f. p. 3 f.

ORDONNANCE sur l'exercice et les manœuvres
de la Cavalerie; suivie de l'Instruction sur l'exercice et les manœuvres de la lance. Belle édition.
1 gros vol. in-12. avec 28 pl. 2 f. p. 3 f.

ORIGINE (de l') des Lois, des Arts et des Sciences,
et de leurs progrès chez les anciens Peuples; par
Goguet. Sixième édition, revue et corrigée avec
soin. 3 volumes in-8. figures et tableaux. *Paris.*
1820. 14 f. p 21 f.

ORIGINE de tous les Cultes. ou Religion universelle; par *Dupuis.* Nouvelle édition. 7 vol. in-8.
et 1 vol. d'atlas in-4. *Paris.* 1822. 48 f. p. 60 f.

ORNEMENS (les) de la Mémoire, ou les Traits bril-
lans des poètes français les plus célèbres; par *Allets.*
1 vol. in-12. 1 f. 50 c. p. 2 f. 25 c.

PARFAIT (nouveau) Bouvier, ou Remèdes préser-
vatifs et curatifs pour les maladies du bétail. Nouvelle édition, revue et corrigée 1 volume. in-12.
Paris, 1820. 1 f. 25 c. p. 2 f.

PARFAIT (le) Chasseur. 1 gros vol. in-18. *Paris*, 1822.   2 f. 5o c. p. 3 f. 5o c.

PARFAIT Jardinier (le), ou l'Art de Cultiver les Plantes, les Fleurs et les Fruits. 1 gros vol. in-18. fig. *Paris*, 1821.   1 f. 75 c. p. 2 f. 5o c.

PARFAIT (le) Maréchal Expert, ou l'Art de connaître les Chevaux. 1 gros volume in-12. figures. *Paris*, 1821.   2 f. p. 3 f.

PENSÉES de l'empereur Marc Aurèle Antonin, traduites du grec, par *De Joly*. Belle édition. 1 gros vol. in-18.   1 f. 20 c. p. 1 f. 8o c.

PENSÉES et Maximes de Fénélon; recueillies par *Duval*. Jolie édition. 2 volumes in-18. portrait. *Paris*, 1821.   2 f. p. 3 f.

PENSÉES de Pascal. Nouvelle et jolie édition. 2 vol. in-18. portrait. *Paris*, 1820.   2 f. p. 3 f.

PENSÉES et Maximes de J. J. Rousseau; recueillies par *Réné Perrin*. 2 vol. in-18. portrait. *Paris*, 1821.   2 f. p. 3 f.

PENSÉES et Maximes de Voltaire; receuillies par *Réné Perrin*. 2 volumes. in-18. portrait. *Paris*, 1821.   2 f. p. 3 f.

PETIT (le) Conteur de poche, ou l'Art d'échapper à l'Ennui; Choix amusant et portatif d'Anecdotes historiques, galantes, etc.; de bons mots, saillies, reparties ingénieuses. Troisième édition. 1 volume in-18. fig. *Paris*, 1818.   1 f. p. 1 f. 5o c

PETITS (les) Moralistes, traduits de l'anglais, par *Bertin*. Seconde éditon. 1 vol. in-18. orné de 11 grav. *Paris*, 1819.   1 f. p. 1 f. 5o c.

PIÈCES inédites sur les Règnes de Louis XIV, de Louis XV et Louis XVI; ouvrage dans lequel on trouve des lettres de Louis XIV, de madame de Maintenon, des maréchaux de Villars, etc. 2 vol. in-8. *Paris*, 1809.   5 f. p. 9 f.

PLUTARQUE de l'enfance, ou Maximes et traits historiques, extraits des Vies des Hommes illustres de Plutarque. Quatrième édition. 1 vol. in-12. orné de 40 portraits. 1822.   1 f. 8o c. p. 3 f.

POÉSIES (Choix des) de Barthe, Masson et Carbon de Flins. 1 vol. in-18.   1 f. p. 1 f. 5o c.

POÉSIES (Choix des) de l'abbé de Lattaignant. 1 vol. in-18.   1 f. p. 1 f. 5o c.

POÉSIES (Choix des) de Pezai, Saint-Peravi et La Condamine. 1 vol. in-18.   1 f. p. 1 f. 5o c.

POLLION, ou le Siècle d'Auguste, par *De Bugny*. 4 vol. in-8. *Paris*, 1808.   14 f. p. 20 f.

PRECIS de la Révolution française, et des événemens politiques et militaires qui l'ont suivie; par *Schoel*. 1 vol. in-18. *Paris*.   1 f. p. 1 f. 5o c.

PRÉCIS historique sur les Révolutions des royaumes de Naples et de Piémont, en 1820, 1821, suivi de documens authentiques sur ces événemens, par M. le comte D.....Seconde édition. 1 vol. in-8. *Paris*, 1821.   3 f. p. 4 f. 5o c.

PROSCRIPTIONS (des), par *Bignon*. 1 vol. in 8. *Paris*, 1821.   9 f. p. 12 f.

PROVINCIALES (les), ou Lettres de Louis de Montalte; par *B. Pascal*. Jolie édition. 2 vol. in-18. *Paris*, 1820.   2 f. p. 3 f.

RECHERCHES sur les Causes de la richesse des Nations; par *Smith*, trad. de l'anglais par *Blavet*. 4 vol. in-8.   10 f. p. 20 f.

RECHERCHES sur les symptômes et les causes de la syncope angineuse; trad. de l'anglais, par *Matthey*. 1 vol. in-12.   1 f. p. 1 f. 5o c.

RÈGLEMENT concernant l'exercice et les manœuvres de l'infanterie. 2 vol. in 12. dont un de planches. Bonne édition.   3 f. 5o c. p. 5 f.

RELATION concernant les événemens arrivés en 1816, à Martin, laboureur de la Beauce. In-8. 1820.   60 c. p. 1 f.

RÉVOLUTIONS de Constantinople en 1807 et 1808, suivies d'observations sur la constitution, les mœurs et l'état actuel de l'empire ottoman; par M. *Juchereau de Saint-Denys*. Seconde édition, augmentée de divers documens et d'une nouvelle carte de la Turquie d'Europe, gravée par *Tardieu ainé*. 2 vol. in-8. *Paris*, 1822.   7 f. p. 10 f.

ROBINSON (le) du faubourg Saint-Antoine, ou Aventures du général Rossignol et de son secrétaire déportés en Afrique. Seconde édition. 4 vol. in-12. fig. et cartes. *Paris*, 1818.   6 f. p. 10 f.

ROMAN de la Rose. Belle édition. 5 vol. in-8. grand papier vélin, ornés de superbes figures avant la lettre. *Paris*, 1796.   5o f. p. 100 f.

ROSEMONDE, ouvrage pour la jeunesse; traduit de l'anglais de miss *Edgeworth*. 1 volume in-12. fig.   1 f. p. 1 f. 5o c.

SAISONS (les) de Thompson, traduites en français. Belle édition. 1 vol. in-18. orné de 6 fig. *Paris*, 1820.   1 f. 25 p. 2 f. 25 c.

SANDFORT et Merton, par *Berquin*. 7 parties in-18. ornées de fig.   3 f. p. 7 f.

SELECTÆ è profanis scriptoribus historiæ. 1 vol. in-12.   1 f. 25 c. p. 2 f.

SINGULARITÉS anglaises, écossaises et irlandaises, ou Recueil d'Anecdotes curieuses, d'actions bizarres etc.; traduites de l'anglais. 2 vol. in-12. *Paris*, 1814.   3 f. p. 5 f.

SIRÈS (les) de Beaujeu, ou Mémoires historiques sur le monastère de l'île Barbe et la tour de la belle Allemande; par l'auteur de Paris, Versailles et les Provinces. 2 vol. in-8.   5 f. p. 8 f.

SOIRÉES (les) de Société, ou nouveaux Proverbes dramatiques; par madame *Victorine M****, auteur de Clotilde, reine de France. 2 volumes in-12.   2 f. 5o c. p. 4 f.

SOUVENIRS de Paris en 1804; par *Kotzebue*, trad. de l'allemand sur la seconde édition, avec des notes. 2 vol. in-12.   4 f. p. 6 f.

SOUVENIRS d'un Voyage en Livonie, à Rome et à Naples, faisant suites aux Souvenirs de Paris; traduits de l'allemand de *Kotzebue*. 4 vol. in-12.   6 f. p. 10 f.

TABLEAU littéraire du dix-huitième siècle, ou Essai sur les grands écrivains de ce siècle et les progrès de l'esprit humain en France, suivi de l'Éloge de La Bruyère, par *Victorin Fabre*. 1 vol. in-8.   3 f. p. 5 f.

TABLE mobile de Pythagore, ou Machine arithmétique, au moyen de laquelle on fait les multiplications et les divisions les plus compliquées. 1 vol. in-16. avec le jeu renfermé dans un étui. *Paris*, 1818.   6o f. p. 1 f.

TABLEAU de l'Amour conjugal par *Venette*. 2 vol. in-12. ornés de 12 fig. *Paris*, 1818.   3 f. p. 5 f.

— LE MÊME OUVRAGE. 4 volumes in-18 figures.   2 f. 5o c. p. 4 f.

TABLEAU des Exercices et de l'Enseignement en usage dans un pensionnat de jeunes demoiselles; par *Caillot*. 2 vol. in-12. ornés de 10 jolies figures. *Paris*, 1816.   5 f. p. 7 f. 5o c.

TABLEAU historique, descriptif et géographique de tous les Peuples de l'Univers, orné de cent cinquante gravures, coloriées avec soins, représentant les costumes de chaque nation. 5 vol. in-12. *Paris*, 1821. 16 f. p. 25 f.

TAXES des Parties casuelles de la boutique du Pape, rédigées par Jean XXII, et publiées par Léon X, avec la Fleur des cas de conscience décidés par les Jésuites, publiées par M. *Julien de Saint-Acheul.* 1 vol. in-8. 1820. 3 f. 50 c. p. 5 f.

THÉÂTRE complet de J. Racine, avec les Commentaires de *Laharpe.* Nouvelle édition. 5 vol. in-8. ornés de 12 fig. d'après *Moreau jeune*, et du portrait de l'auteur. 13 f. p. 20 f.

THÉÂTRE de Schiller, traduit de l'allemand, par *Lamartellière.* 2 vol. in-8. 7 f. p. 10 f.

TRAITÉ des Dieux et du Monde, par *Salluste;* trad. avec un Commentaire littéraire et moral. Nouvelle édit. 1 vol. in-18. 1 f. p. 1 f. 50 c.

TRAITÉ élémentaire et pratique du Dessin et de la Peinture, à l'usage des jeunes artistes; par *Libert*, peintre et dessinateur. Troisième édition. 1 volume in-12. figures. *Paris*, 1821. 1 f. 50 p. 2 f. 25 c.

TRAITÉ des Études, ou de la Manière d'enseigner et d'étudier les belles-lettres; par *Rollin.* 4 vol. in-12. 1819. 7 f. p. 12 f.

TRAITÉ élémentaire d'Ornithologie, suivi de l'Art d'empailler les oiseaux; par *Mouton Fontenille*, professeur d'histoire naturelle à l'Académie de Lyon. 3 vol. in-8. ornés de 10 pl. 7 f. p. 12 f.

TRÉSOR (le) de la Jeunesse, contenant un Précis des connaissances propres à orner la mémoire et à former le goût, etc. 2 vol. in-12. ornés de 2 jolies figures. *Paris*, 1817. 3 f. 50 c. p. 5 f.

TROPES (des), ou des différens sens où l'on peut prendre un même mot dans une même langue, par *Dumarsais.* 1 vol. in-12. 1 f. p. 1 f. 50 c.

VARIÉTÉS littéraires, ou Recueil des pièces, tant originales que traduites, concernant la philosophie, la littérature et les arts; par MM. *Arnault* et *Suard*, de l'Académie française. Nouvelle édit. corrigée et augmentée. 4 vol. in-8. 15 f. p. 24 f.

VIE et Amours du chevalier de Faublas; par *Louvet de Couvray.* Nouvelle édition, précédée d'une Notice sur Louvet, par M***, imprimée par M. *Firmin Didot*, sur papier fin satiné, et ornée de 8 belles gravures, dessinées par *Collin*, élève de *Girodet.* 4 vol. in-8. *Paris*, 1821. 20 f. p. 25 f.

— LE MÊME OUVRAGE. Nouvelle et jolie édition. 4 gros vol. in-32, grand raisin, ornés de 8 belles grav. *Paris*, 1822. 7 f. p. 10 f.

VIE et Amours du chevalier de Faublas, par *Louvet de Couvray.* 8 volumes in-18. figures. *Paris*, 1820. 5 f. p. 8 f.

— Par 13 pour 12 exemplaires. 4 f. 50 c. p. 8 f.

Virgilius Maro (Publius) Bucolica, Georgica et Æneis juxta editionem Chr. Gœttl. Heine, novis curis emendata. in-12. 1 f. 50 c. p. 2 f. 50 c.

VOLIÈRE (la) de la Jeunesse, ou Cours complet d'étude sur l'Histoire naturelle des Oiseaux, avec la manière de les élever, etc.; suivi d'un Traité sur l'Art de les empailler. 2 vol. in-12. ornés de 64 planches. *Paris*, 1819. 5 f. p. 9 f.

VOLTAIRE Chrétien, preuves tirées de ses ouvrages, suivies de pièces religieuses et morales, du même auteur. Belle édition, imprimée par *Didot l'aîné*, 1 vol. in-18. papier fin, orné de 4 jolies figures. *Paris*, 1820. 2 f. 25 c. p. 4 f.

VOYAGE en Abyssinie, exécuté dans les années 1809 et 1810, par *Henry Salt;* traduit de l'anglais, par *Henry.* 2 volumes in-8. accompagnés d'un bel atlas, composé de vues, portraits, cartes, etc. au nombre de 33, gravés par *Adam. Paris*, 1816. 14 f. p. 25 f.

VOYAGE dans l'intérieur de l'Afrique, aux sources du Sénégal et de la Gambie, fait en 1818 par ordre du Gouvernement français, par *G. Mollien.* Avec cartes et vues dessinées et gravées par *Ambroise Tardieu.* 2 vol. in-8. *Paris*, 1820. 9 f. p. 12 f.

VOYAGE descriptif et historique de l'Ancien et du Nouveau Paris, contenant des faits historiques et Anecdotes curieuses, sur les Monumens, sur les Mœurs des habitans, les Événemens politiques, les Maisons de jeu, etc.; suivi de la Description des environs de Paris et des Maisons royales, d'un Dictionnaire des rues, Places, Quais, etc.; par *L. P***.* Nouvelle édition, corrigée et augmentée. 2 gros vol. in-18. ornés d'un plan de Paris et de 63 gravures. *Paris*, 1821. 6 f. p. 7 f.

DESCRIPTION des Statues, Groupes, etc., en marbre et en bronze; qui ornent le jardin des Tuileries et le Luxembourg. 1 gros vol. in-18. orné de 84 gravures. *Paris*, 1821. 4 f. p. 5 f.

— Ce volume forme le troisième de l'ouvrage ci-dessus. Les 3 volumes. 8 f. p. 12 f.

VOYAGE du jeune Anacharsis en Grèce, avec les notes et les tables; par *Barthélemy.* 7 vol. in-12. Belle édition. *Paris*, 1819. 16 f. p. 24 f.

— LE MÊME OUVRAGE avec un bel Atlas. in-4. 20 f. p. 30 f.

— LE MÊME OUVRAGE. 7 vol. in-18. 11 f. p. 16 f.

— Avec Atlas, in-4. 15 f. p. 21 f.

— L'Atlas séparément. 4 f. 50 c. p. 8 f.

VOYAGE (nouveau) dans la partie méridionale de l'Afrique, par *John Barrow;* trad. de l'anglais. 2 volumes in-8. ornés de 8 belles cartes géographiques. 8 f. p. 12 f.

VOYAGE à l'île de Ceylan, par *Robert Percival;* trad. de l'anglais, par *Henry.* 2 vol. in-8. ornés de planches et cartes. 6 f. p. 10 f.

VOYAGE de Samuel Hearne, dans la baie de Hudson, à l'Océan du Nord, etc. traduit de l'anglais. 2 volumes in-8. et atlas in-4. 9 f. p. 15 f.

VOYAGE pittoresque et sentimental en France. Belle édition. 1 vol. in-18. grand-raisin, orné de figures. 1 f. 25 c. p. 2 f.

VOYAGEUR (le) Universel. 4 vol. in-12. ornés d'un grand nombre de figures coloriées. *Paris*, 1821. 16 f. p. 25 f.

LIVRES DE JURISPRUDENCE.

ADDITIONS A LA TROISIÈME ÉDITION DU RÉPERTOIRE UNIVERSEL ET RAISONNÉ DE JURISPRUDENCE, par M. le comte *Merlin ;* contenant, par ordre alphabétique, tous les articles nouveaux insérés dans la quatrième édition, et formant les tomes XIV, XV, et XVI de la troisième édition ; 3 vol. in-4. d'environ 800 pages chacun.   40 f. p. 54 f.

Nota. La troisième édition du *Répertoire* a été tirée à 3,500 exemplaires, mais ces trois volumes d'*Additions* ne l'ont été qu'à 1000 exemplaires, qui ne tarderont probablement pas à être vendus.

CINQ (les) CODES DU ROYAUME, précédés de la Charte constitutionnelle, et suivis du Tarif des frais et dépens. 1 gros vol. in-12. portrait. 1820.   3 f. p. 5 f.

— **Le même ouvrage.** 1 gros vol. in-18. Jolie édition. 1821   1 f. 50 c. p. 3 f.

ESPRIT DU CODE DE COMMERCE, ou Commentaire puisé dans les procès-verbaux du conseil d'état, les Exposés des motifs et discours, les observations des cours d'appel, tribunaux et chambres de commerce, etc. ; par M. le baron *Locré.* 10 vol. in-8.   40 f. p. 62 f.

ESPRIT DU CODE DE PROCÉDURE CIVILE, ou Conférence du code de procédure, avec les discussions du conseil d'état, les exposés des motifs, les discours des orateurs, etc. ; par *Locré.* 5 vol. in-8. Portrait *Paris*, 1816.   22 f. 50 c. p. 30 f.

GOTHOFREDI MANUALE JURIS (Manuel de droit), *ubi quatuor sequentia continentur :* 1°. *Juris Romani historia ;* 2°. *Bibliotheca ;* 3°. *Florilegima sententiarum ex corpore Justinianeo desumptarum ;* 4°. *Seria librorum et titulorum in institutionibus, digestis et codice ; cujus prima pars ad institutiones pertinens scripta est a* J. F. *Berthelot, in schola juris Parisiensi antecessore accedunt tituli omnes institutionum, digestorum et codicis in sex judices collati ; editio nova, accuratior et emendatior.* 1 vol. in-8. Parisiis, 1806.   3 f. p. 5 f.

Ce Manuel a été recommandé par les jurisconsultes de tous les pays aux jeunes gens qui se destinent à l'étude des lois.

JURISPRUDENCE DU DROIT FRANÇAIS, ou Application aux cinq Codes, article par article, de toutes les lois, décrets, ordonnances du Roi, avis du conseil d'état, arrêts de la Cour de cassation, etc., avec l'indication des sources où ils ont été puisés, et la corrélation des articles des différens Codes entre eux, terminé par une Table alphabétique ; par M. *J. Dufour de Saint-Pathus*, avocat. 1 gros vol. in-12. de plus de 1000 pages. *Paris*, 1822.   6 f. p. 8 f.

JUSTINIANI sacratissimi principiis Institutionum, sive Elementorum juris libri quatuor, cum notis Arnoldi Vinnii. Nouvelle édition, très correcte. 2 vol. in-12. *Paris*, 1808.   4 f. p. 7 f.

LOIS DES BATIMENS ou le nouveau Desgodets, traitant suivant les codes civil et de procédure ; par *Lepage.* 2 vol. in-8. *Paris*, 1819.   6 f. p. 9 f.

NOUVEAU STYLE, ou Manuel des Huissiers, contenant des instructions et des formules pour les divers actes de leur ministère, l'analyse des lois relatives à leurs fonctions, les arrêts des cours, etc. ; par l'auteur du Manuel des Maires ; septième édition entièrement refondue. *Paris* 1820.   3 f. p. 4 f.

PANDECTÆ JUSTINIANEÆ, in novum ordinem digestæ, cum legibus Codicis, et Novellis quæ jus Pandectarum confirmant, explicant aut abrogant. Præfixus est Index titulorum et divisionum omnium, quo totius operis specimen quoddam et quasi materiarum appendix exhibetur : subjecta quoque Tabula, qua nominatim leges omnes cum suis paragraph's et versiculis ordini Digestorum restituuntur. Auctore J. Pothier. 5 gros vol. in-4. *Parisiis*, 1818–1820.   54 f. p. 90 f.

APHORISMES de Droit, ou Traduction du Florilegium de *Jacques Godefroy ;* par *Cailleau.* 1 vol. in-18. *Paris*, 1809.   1 f. 50 c. p. 2 f. 50 c.

CINQUANTE (les) Livres du Digeste, ou les Pandectes de l'empereur Justinien ; traduits en français par *Hulot* et *Berthelot.* 7 volumes in-4. *Paris*, 1805.   20 f. p. 35 f.

CODE de Commerce, accompagné de Notes et Observations ; par *Fournel*, jurisconsulte. 1 volume in-8.   2 f. 50 c. p. 4 f.

CODE de Commerce, suivi d'une Table analytique et raisonnée des matières. 1 vol. in-32. 75 c. p. 1 f. 25 c.

CODE Napoléon, imprimé à mi-marge, à l'usage de ceux qui sont jaloux d'annoter à côté de chaque disposition le résultat de la jurisprudence et de leur propre expérience ; avec les Lois transitoires, le Tableau des distances illégales ; la Table des Titres et une Table alphabétique des Matières. 1 vol. in-4. pap. vélin. *Paris*.   6 f. p. 12 f.

CODE Napoléon mis en vers français, par *D****, ex-législateur. Jolie édition. 1 gros vol. in-12. *Paris*, 1811.   3 f. 50 c. p. 6 f.

CORPS de Droit français, civil, commercial et criminel ; contenant les cinq Codes, le tarif des frais et dépens en matière judiciaire, avec des notes qui indiquent la concordance des articles, les dates des lois, avis du conseil d'état, les arrêts de la cour de cassation, etc. ; terminé par une table générale des matières, par *Rondonneau.* 3 vol. in-4. *Paris*, 1810.   24 f. p. 36 f.

DÉCISIONS sommaires du Palais, par *Abraham Lapeyrere.* 2 vol. in-4.   14 f. p. 24 f.

DES DÉLITS et des Peines, par *Beccaria ;* traduction nouvelle et seule complète, accompagnée du notes historiques et critiques sur la Législation criminelle ancienne et moderne, les Agens provocateurs, etc. etc.; par *Dufey*, avocat. 1 vol. in-8. *Paris*, 1821. 4 f. 50 c. p. 6 f.

DICTIONNAIRE du Digeste. ou Substance des Pandectes justiniennes, par *Thevenot Dessaules*. Édition revue et augmentée, par *Lesparat* et *Dussans;* suivi d'une Table de concordance des titres du Digeste, avec les nouveaux Codes. 2 vol. in-4. *Paris*, 1809. 20 f. p. 30 f.

DROIT public français, ou Code politique, contenant les Constitutions de l'empire avec les Actes qui s'y rattachent; c'est-à-dire tout ce qui constitue et règle les élections, les grandes dignités, la liberté des cultes, les autorités administratives et judiciaires, etc. etc. 1 gros vol. in-8. carte et portrait. *Paris*, 1809. 5 f. p. 10 f.

ESPRIT (l') du Code Napoléon, par *J. G. Locré*. 5 vol. in-4. *Paris*, 1807. 40 f. p. 55 f.

ESPRIT (l') des Institutes de Justinien conféré avec les Principes du Code Napoléon, enrichies de Notes explicatives et raisonnées, puisées dans les Lois du Digeste du Code et dans les Novelles; par *Desquiron*. 2 vol. in-4. *Paris*, 1807. 15 f. p. 21 f.

EXAMEN sur les Élémens du droit romain, selon l'ordre des institutes de Justinien, traduit du latin de *Perreau*, par *Dupin*, avocat. 1 vol. in-12. *Paris*, 1810. 2 f. p. 3 f.

EXPLICATION du Code civil, d'après les motifs exprimés dans les Discours des orateurs du gouvernement, la solution des questions de droit, etc. par *Bousquet;* ancien jurisconsulte. 5 volumes in-4. 1805. 45 f. p. 60 f.

FORME de la Lettre-de-Change et du Billet à ordre, avec celle de l'acceptation et des endossemens ou ordres, d'après le Code de Commerce. Brochure in-8. *Paris*. 40 c. p. 60 c.

INSTITUTION au Droit français civil et criminel, ou Tableau raisonné de l'état de la Jurisprudence française, précédé d'une introduction sur les principes fondamentaux du Droit de la justice et de la propriété, etc.; par *Bernardi*. 1 volume in-8. *Paris*. 3 f. p. 5 f.

JUSTINIANI imperatoris Augusti Institutionum juris civilis expositio methodica, Francisci Lorry, *antecessoris; Parisiensis, opus posthumum*. Troisième édition. 2 gros vol. in-12. *Parisiis*. 1809. 4 f. p. 6 f.

LEÇONS élémentaires du Droit civil Romain, rédigées dans l'ordre des Institutes de l'empereur Justinien, par *Jean Gottlieb Heineccius;* trad. en français et mises en Conférences avec les Codes, par *Menestrier*. 3 vol. in-12. 7 f. p. 9 f.

LÉGISLATION hypothécaire, ou Recueil complet des Lois et Instructions législatives sur le système hypothécaire; par *Guichard*, avocat à la cour de cassation. 3 vol in-8. *Paris* 1810. 8 f. p. 12 f.

LOIS civiles (intermédiaires), ou Collection des Lois rendues sur l'état des personnes et la transmission des biens, depuis le 4 août 1789 jusqu'au 30 ventose an XII (mars 1804), époque du Code civil; avec un Tableau comparatif des poids et mesures, un Tableau de dépréciation du papier-monnaie et une concordance de deux calendriers. 4 volumes in-8. 15 f. p. 20 f.

MANUEL des frais de justice, par ordre alphabétique des actes judiciaires et extrajudiciaires énoncés en la loi du tarif; suivi des Taxes qui leur sont propres. Ouvrage nécessaire aux juges, avocats, avoués, notaires, greffiers et huissiers dans toutes les justices, tribunaux, cours royales de France; par un ancien avocat. 1 volume in-18. *Paris*, 1818. 1 f. p. 1 f. 50 c.

MANUEL (Nouveau) théorique et pratique des Maires, Adjoints de Maires et des Conseils municipaux, des Juges de paix, des Commissaires de police, Officiers de gendarmerie, Gardes champêtres et forestiers; contenant, par ordre alphabétique, les dispositions textuelles ou analytiques des lois, des décrets, des ordonnances du Roi et des instructions et circulaires ministérielles actuellement en vigueur, depuis 1789 jusqu'au mois de janvier 1822; par *L. Rondonneau*. Seconde édition. 1 fort vol. in-8. *Paris*, 1822. 6 f. p. 7 f.

MANUEL des Prud'hommes, et Guide des marchands, fabricants, contre-maîtres, chefs d'ateliers, ouvriers, etc, en tous genres d'industrie; suivi du Recueil de toutes les lois concernant les fabriques, manufactures, ateliers, etc.; les chambres de commerce et consultatifs, arts et métiers; les propriétés industrielles, etc.; par *Léopold*. 1 vol. in-12. 1 f. 50 c. p. 2 f. 50 c.

NOUVEAU (le) Dunod, ou Traité des prescriptions de ce célèbre auteur, mis en concordance avec la législation actuelle; par *de Laporte*, auteur des Pandectes françaises, etc. 1 volume in-8. *Paris*, 1810. 4 f. 50 c. p. 6 f.

NOUVEAU (le) Furgole, ou Traité des testamens, des donations entre vifs et de toutes autres dispositions à titre gratuit, mis en rapport avec les Principes du Code civil, les Arrêts de la cour de cassation, et appliqué à des formules générales, etc. etc.; par *Desquiron*, jurisconsulte, auteur de l'Esprit des Institutes. 2 vol. in-4. *Paris*, 1810. 20 f. p. 30 f.

NOUVEAU (le) Valin, ou Code commercial maritime, accompagné du Commentaire de Valin sur les dispositions de l'ordonnance de la marine, de la Doctrine d'Émérigon sur les Contrats d'assurance, de formules des Contrats maritimes, actes, rapports, etc.; par *Sanfourche, Laporte* et *Boucher*. 1 vol. in-4. *Paris*, 1809. 12 f. p. 18 f.

ŒUVRES de Pothier, conseiller au présidial d'Orléans, professeur de droit à l'université de la même ville. Nouvelle édition. 13 gros vol. in-8. *Paris*, *Beaucé*. 52 f. p. 91 f.

Séparément:

TRAITÉ de la communauté. 1 gros vol. in-8. 4 f. p. 7 f.
— IDEM des obligations. 1 vol. in-8. 4 f. p. 7 f.
TRAITÉ du Contrat de louage, bail à rente et constitution de rente. 1 gros vol. de 1000 pages. *Paris*, 1818. 6 f. p. 10 f.

ŒUVRES de Pothier, conseiller au présidial d'Orléans, professeur de droit à l'université de la même ville; nouvelle édition, mise en rapport avec le Code civil, le Code de procédure civile, le Code du commerce, et généralement avec les nouvelles lois et la jurisprudence actuelle des cours, par MM. *Bernardi* et *Hutteau*. 23 vol. in-8. 75 f. p. 115 f.

On vend séparément:

— TRAITÉ des Contrats de bienfaisance. Nouvelle édition. 2 vol. in-8. 7 f. p. 10 f.

— TRAITÉ du Contrat de change. Nouvelle édition. 1 vol. in-8.　　　　　　　3 f. 50 c. p. 5 f.

— TRAITÉ de la communauté, précédé d'un Traité de la puissance du mari sur la personne et les biens de la femme, par le même. Nouvelle édition. 2 vol. in-8. *Paris*, 1819.　　　　　　8 f. p. 12 f.

— TRAITÉ sur les donations. Nouv. édition, suivie d'un Abrégé sur les donations faites entre époux, par *Hutteau*. 2 vol. in-8.　　　7 f. p. 10 f.

— TRAITÉ du contrat de louage, et Traité des cheptels. Nouvelle édition. 1 volume in-8. *Paris*, 1820.　　　　　　　　4 f. p. 6 f.

— TRAITÉ du contrat de mariage, avec des Notes indicatives des changemens introduits par la nouvelle jurisprudence; suivi d'un Commentaire sur les dispositions du Code civil, relatives au mariage. 2 vol. in-8.　　　　　　7 f. p. 10 f.

— TRAITÉS divers sur les successions. Nouvelle édition. 2 vol. in-8.　　　　7 f. p. 10 f.

— TRAITÉ sur les testamens. Nouvelle édition. 1 vol in 8.　　　　　3 f. 50 c. p. 5 f.

— TRAITÉ du contrat de vente selon les règles, tant du for de la conscience que du for extérieur. Nouvelle édition, augmentée d'additions tirées du Code civil. 1 volume in-8. *Paris*, 1820.　　　　　　　　4 f. p. 6 f.

PARFAIT (le) Huissier, ou Formulaire général et raisonné des quatre Codes, par *de Laporte*, auteur des Pandectes françaises. 1 gros vol. in-8. *Paris*, 1811.　　　　　　7 f. p. 10 f.

PORTION disponible, ou Traité de la portion des biens dont on peut, suivant le Code civil, disposer, à titre gratuit, au préjudice de ses héritiers, avec une Dissertation sur l'époque à laquelle les lois commencent à devenir obligatoires; par *Levasseur*, ancien avocat. Suivi des Discussions du conseil d'état, de l'Exposé des motifs et des Discours des orateurs, en ce qui concerne la portion disponible. 1 vol. in-8.　　　　　　3 f. p. 5 f.

TRAITÉ des attributions des juges de paix et de leurs différentes fonctions; par *Barbedette Chermelais*. 1 vol. in-8. *Paris*, 1810.　　4 f. p. 6 f.

TRAITÉ de la Contrainte par corps, considérée sous son rapport avec les lois; par *Tournel*. Nouvelle édition. 1 vol. in-12. 1801.　　　2 f. p. 3 f.

LIVRES DE PIÉTÉ ET DE THÉOLOGIE.

ABRÉGÉ DES VIES DES PÈRES ET DES MARTYRS, et des autres principaux Saints, par *Godescard*, extrait par lui-même de son grand ouvrage; précédé d'une Notice sur la Vie et les Écrits de l'auteur. 4 gros vol. in-12. 1820.　　　　　　　　8 f. p. 12 f.

ÉCOLIER (l') VERTUEUX, ou Vie édifiante d'un Écolier de l'Université de Paris; suivi de la Vie du duc de Bourgogne; par l'abbé *Proyart*. 1 vol. in-18. *Paris*, 1822.　　　1 f. p. 1 f. 50 c.

ÉTRENNES (petites) SPIRITUELLES, contenant l'Office de tous les dimanches et fêtes de l'année, à l'usage de Rome et de Paris. Jolie édition. 1 vol. in-32. orné de 4 fig.　　　1 f. 50 c. p. 2 f. 50 c.

MORCEAUX CHOISIS DE BOSSUET, etc., par l'abbé *Rolland*, précédés d'une Notice, par *Feller*, et du jugement du cardinal Maury et de M. de Châteaubriand sur cet orateur. 1 vol. in-18. orné d'un joli portrait. *Paris*, 1822.　　　1 f. 20 c. p. 1 f. 80 c.

MORCEAUX CHOISIS DE BOURDALOUE, etc., par l'abbé *Rolland*, précédés d'une Notice sur Bourdaloue, par *Feller*, et du jugement du cardinal Maury sur cet orateur. 1 volume in-18. orné d'un joli portrait. *Paris*, 1822.　　　1 f. 20 c. p. 1 f. 80 c.

MORCEAUX CHOISIS DE FÉNÉLON, ou Recueil de ce que cet écrivain a de plus remarquable sous le rapport de la morale et du style. Ouvrage propre à inspirer à la jeunesse le goût des vertus et des lettres; par M. l'abbé *Rolland*, précédés d'un Éloge de Fénélon, par *Laharpe*, et du jugement du cardinal de Beausset sur Fénélon, considéré comme écrivain. 1 volume in-18. orné d'un joli portrait. *Paris*, 1822.　　　1 f. 20 c. p. 1 f. 80 c.

MORCEAUX CHOISIS DE FLÉCHIER, etc., par l'abbé *Rolland*, précédés d'une Notice sur la vie de Fléchier, par *Feller*. 1 vol. in-18. orné d'un joli portrait. *Paris*, 1822.　　　1 f. 25 c. p. 2 f.

MORCEAUX CHOISIS DE FLEURY, etc., par l'abbé *Rolland*, précédés d'une Notice sur la vie de Fleury, par *Feller*. 1 vol. in-18. orné d'un joli portrait. *Paris*, 1822.　　　1 f. 25 c. p. 2 f.

MORCEAUX CHOISIS DE MASSILLON, etc., par l'abbé *Rolland*, précédés d'une Notice sur Massillon, par *Feller*, et du jugement de divers écrivains sur cet orateur. 1 vol. in-18. orné d'un joli portrait. *Paris*, 1822.　　　1 f. 20 c. p. 1 f. 80 c.

ŒUVRES CHOISIES DE BOSSUET. Nouvelle édition. 4 gros vol. in 8. de plus de 1000 pages, ornés d'un superbe portrait de Bossuet. *Paris*, 1821.　　　24 f. p 40 f.

Cet ouvrage contient : Politique tirée de l'Écriture sainte, Discours sur l'Histoire universelle, de l'Instruction de monseigneur le Dauphin, Connaissance de Dieu et de soi-même, Libre Arbitre, Abrégé de l'Histoire de France, Élévations à Dieu, sur tous les Mystères de la Religion, Opuscules de Piété et de Morale, Méditations sur l'Évangile.

On vend séparément :

— ABRÉGÉ DE L'HISTOIRE DE FRANCE. 1 gros vol. in-8. *Paris*, 1821.　　　5 f. p. 8 f.

— INSTRUCTION (de l') DE MONSEIGNEUR LE DAUPHIN, Connaissance de Dieu et de soi-même, Libre Arbitre. 1 vol. in-8. *Paris*, 1820.　　　2 f. 25 c. p. 4 f.

— LE MÊME OUVRAGE, papier vélin.　　　4 f. p. 7 f.

— OPUSCULES. 1 vol. in-8. 2 f. 25 c. p. 4 f.

— SERMONS POUR L'AVENT ET LE CARÊME. Nouvelle édition. 2 parties en un gros vol. in-8. *Paris*, 1821. 6 f. p. 10 f.

— LE MÊME OUVRAGE, papier vélin. 9 f. p. 15 f.

— SERMONS POUR LE CARÊME. 1 vol. in-8. 1821. 4 f. p. 7 f.

ŒUVRES DE F. S. DE LAMOTHE FÉNÉLON. Nouvelle édition, mise dans un nouvel ordre, revue et corrigée avec le plus grand soin, précédée d'un Essai sur la personne et les Écrits de Fénélon, et suivie de son Éloge historique, par *Laharpe*. 10 vol. in-8. bien imprimés sur papier fin d'Auvergne, et ornés d'un beau portrait de Fénélon. 40 f. p. 60 f.

— LE MÊME OUVRAGE. 10 vol. in-12. portrait. 20 f. p. 30 f.

ŒUVRES COMPLÈTES DE MASSILLON. 13 vol. in-8. imprimés sur très beau papier, et ornés du portrait de Massillon, dessiné par *Dessenne*, et gravé par *Lignon Paris*, 1821. 65 f. p. 91 f.

ŒUVRES COMPLÈTES DE MASSILLON. 15 vol. in-12. Nouvelle et jolie édition, imprimée en caractère cicéro neuf, interligné, sur beau papier. *Paris*, 1822. 27 f. p. 45 f.

TRIOMPHE DE L'ÉVANGILE, ou Mémoires d'un Homme du monde revenu des erreurs du philosophisme moderne ; traduit de l'espagnol par *J. F. A. Buynand-des-Échelles*. Seconde édition. 3 vol. in-8. *Lyon*, 1821. 12 f. p. 18 f.

ABRÉGÉ de la Pratique de la perfection chrétienne, tiré des Œuvres du R. P. Alphonse Rodriguez, de la compagnie de Jésus : par le P. *J. Tricalet*, directeur du séminaire de Saint-Nicolas-du-Chardonnet. 2 vol. in-12. 3 f. p. 5 f.

AME élevée à Dieu par les réflexions et les sentimens, pour chaque jour du mois ; suivie de l'Ame pénitente, ou le Nouveau Pensez-y-bien ; par l'abbé *Baudrand*. 2 vol. in-12. 2 f. 50 c. p. 4 f. 50 c.

AME élevée à Dieu, suivie de l'Ame pénitente ; par le même. 1 vol. in-12. 1 f. 50 c. p. 2 f. 50 c.

AME sur le Calvaire, trouvant au pied de la Croix la consolation de ses peines ; par le même. 1 vol. in-12. *Lyon*, 1820. 1 f. p. 2 f.

ANECDOTES chrétiennes, ou Recueil de traits d'histoire, avec des exemples de vertus ; par l'abbé *Reyre*. 2 vol. in-12. 1821. 3 f. 50 c. p. 5 f.

ANGE Conducteur dans la Dévotion chrétienne, réduite en pratique en faveur des Ames dévotes, avec les Vêpres en français et en latin. 1 vol. in-18. gros caractère. 40 c. p. 65 c.

— LE MÊME OUVRAGE, papier moins beau. 1 volume in-18. 30 c. p. 50 c.

BEAUTÉS de l'Histoire de Jésus-Christ. 1 vol. in-12. orné de 30 figures. 2 f. p. 3 f.

BIBLE de Royaumont, avec des Explications édifiantes tirées des saints Pères pour régler les mœurs dans toutes sortes de conditions. Bonne édition. 1 vol. in-12. 1 f. 20 c. p. 2 f.

BIBLIOTHÈQUE religieuse, politique et littéraire. 4 vol. in-12. *Paris*, 1819. 8 f. p. 12 f.

CATÉCHISME historique, ou Abrégé de l'Histoire Sainte ; par *Fleury*. 1 vol. in-12. orné de 30 jolies figures. 2 f. 50 c. p. 4 f.

CATÉCHISME historique, contenant, en abrégé, l'Histoire sainte et la doctrine chrétienne ; par l'abbé *Fleury*, prêtre, prieur d'Argenteuil et confesseur du roi. 1 vol. in-12. *Paris*. 1 f. 25 c. p. 2 f.

— LE MÊME OUVRAGE, à l'usage des écoles. 1 volume in-18. 30 c. p. 50 c.

CHEMIN du ciel. Jolie édition encadrée. 1 volume in-32. 30 c. p. 50 c.

CONDUITE pour l'Avent, par *Avrillon*. 1 vol. in-12. 1 f. 50 c. p. 2 f. 50 c.

CONDUITE pour le Carême, par le même. 1 vol. in-12. 1 f. 50 c. p. 2 f. 50 c.

CONDUITE pour la Pentecôte, par le même. 1 vol. in-12. 1 f. 50 c. p. 2 f. 50 c.

CONNOISSANCE de Jésus-Christ (de la), considérée dans ses mystères et dans ses différentes qualités, ou Rapports avec Dieu son père, avec ce monde visible, avec les hommes dans leurs différens états, et avec les bienheureux dans le ciel, avec des élévations sur chaque mystère de Jésus-Christ, et sur chacune de ses qualités. 2 forts vol. in-12. *Paris*, 1822. 4 f. p. 6 f.

DIEU est l'amour le plus pur, ma prière et ma contemplation ; par *Echartshausen*. 1 vol. in-18. orné de 6 jolies figures. 1 f. p. 1 f. 50 c.

ECOLIER chrétien, ou Traité des devoirs d'un jeune homme, par *Collet*. 1 vol. in-18. 1822. 1 f. p. 1 f. 50 c.

ENFER (l') révélé à la sœur de la Nativité, à l'usage des justes et des pécheurs. In-12. 1821. 20 c. p. 30 c.

ÉPITRES et Évangiles des dimanches et fêtes de l'année, de l'Avent, du Carême et des autres grandes féries, avec des réflexions, la messe, les vêpres, etc. 1 fort vol. in-12. 1 f. 50 c. p. 2 f. 50 c.

ÉPITRES et Évangiles pour les dimanches et fêtes de l'année, précédées des prières du matin et du soir, des prières durant la messe ; suivies des vêpres et complies du dimanche, en latin et en français. 1 vol. in-18. *Paris*, 1821. 90 c. p. 1 f. 50 c.

— LE MÊME ouvrage, à l'usage des écoles. 1 volume in-18. 50 c. p. 75 c.

ESPRIT (l') consolateur, par l'auteur de l'Imitation de la Vierge. 1 vol. in-12. 1820. 1 f. 50 c. p. 2 f. 50 c.

EXCELLENCE (de l') de la dévotion au Cœur de Jésus-Christ, par le *P. Joseph de Galliffet*. Sixième édition, revue et augmentée. 2 vol. in-12. figures. *Paris*, 1819. 4 f. 50 c. p. 7 f. 50 c.

EXPLICATION des Évangiles des dimanches et des principales fêtes de l'année, par M. *de La Luzerne*, évêque de Langres. Nouvelle édition, avouée par l'auteur. 4 vol. in-12. 1821. 7 f. p. 12 f.

FORMULAIRE de prières, à l'usage des élèves des religieuses Ursulines. Belle édition. 1 gros vol. in-12. fig. 1 f. 50 c. p. 2 f. 50 c.

HEURES de cour. Jolie édition, encadrée. 1 volume in-32. 30 c. p. 50 c.

HEURES divines, contenant les prières, offices, etc. des principales fêtes de l'année. Jolie édition, papier fin, 1 vol. in-32. figures. 60 c. p. 1 f.

HEURES nouvelles en français, en gros caractères (dites *Heures aux aveugles*); précédées d'un exercice du chrétien, et suivies des sept psaumes de la pénitence, des litanies des Saints, des vêpres, etc. 1 fort. vol. in-12. 1 f. 20 c. p. 2 f.

HEURES Royales, contenant les Prières et Offices des principales fêtes de l'année; augmentées des méditations pour tous les jours du mois. Jolie édition. Papier fin. 1 vol. in-32. figures. 60 c. p. 1 f.

HISTOIRES édifiantes et curieuses, par l'abbé *Baudrand*. 1 vol. in-12. *Lyon*, 1820. 1 f. p. 2 f.

HISTOIRES et Paraboles du père Bonaventure. Jolie édition. 1 vol. in-18. *Lyon*, 1821 60 c. p. 1 f.

IMITATION de Jésus-Christ, avec une Pratique à la fin de chaque chapitre; par *Gonnelieu*; revue par *Lambinet*. 1 vol. in-12. 1 f. 50 c. p. 2 f. 50 c.

IMITATION de la très-sainte Vierge, sur le modèle de l'Imitation de Jésus-Christ; par l'abbé ***. 1 vol. in-18. *Paris*, 1822. 90 c. p. 1 f. 50 c.

INSTRUCTIONS chrétiennes, par *Fernet*. Quatrième édition, augmentée d'une table des matières, et d'une notice sur la Vie et les Écrits de l'auteur, par deux Pasteurs de l'Église de Genève. 5 vol. in-12. 6 f. p. 10 f.

INSTRUCTIONS pour la Première communion; par *Regnault*. 1 vol. in-18. 75 c. p. 1 f. 25 c.

INSTRUCTIONS pour la confirmation, avec des Exhortations pour deux jours de retraite, l'examen des péchés, etc.; par *Regnault*. 1 volume in-18. 1822. 1 f. p. 1 f. 50 c.

INTRODUCTION à la Vie dévote de saint François de Sales. Édition revue par le P *Brignon*. 1 volume in-12. 1820. 1 f. 50 c. p. 2 f. 50 c.

JOURNÉE du Chrétien, sanctifiée par la prière et la Méditation. Jolie édition, papier vélin. 1 volume in-18. orné de figures. 1 f. 25 c. p. 2 f.

JOURNÉE du Chrétien, sanctifiée par la prière et la méditation, en latin et en français. 1 volume in-18. 90 c. p. 1 f. 50 c.

— LE MÊME OUVRAGE. Jolie édition, très complète, 1 vol. in-24. 75 c. p. 1 f. 25 c.

LETTRES de quelques Juifs portugais, etc. à M. de Voltaire; par l'abbé *Guénée*. 3 gros vol. in-12. *Paris*. 5 f. 50 c. p. 9 f.

MŒURS des Israélites et des Chrétiens, par *Fleury*. 1 vol. in-12. 1 f. 50 c. p. 2 f. 50 c.

MOIS (le) de Marie, ou le Mois de Mai, consacré à la mère de Dieu; suite de méditations, de prières et d'exemples à l'honneur de la sainte Vierge; par *F. La-Lomia*, missionnaire. Ouvrage traduit de l'italien, dédié à madame Louise de France. 1 vol. in-32. jolie édition. *Paris*, 1822. 45 c. p. 75 c.

NOVUM Testamentum. 1 vol. in-18. 1 f. 20 c. p. 2 f.

NOVUM Testamentum. Jolie édition. 1 vol. in-32. fig. et titre gravé. 1 f. 20 c. p. 2 f.

ŒUVRES de sainte Thérèse, traduites en français par *Arnault d'Andilly*. 6 vol. in-12. portrait. *Lyon*, 1818. 10 f. p. 18 f.

ORAISONS funèbres de Bossuet. 1 volume in-18. 90 c. p. 1 f. 50 c.

ORAISONS funèbres de Fléchier. 2 volumes in-18. 1 f. 80 c. p. 3 f.

ORAISONS funèbres choisies de Mascaron, Bourdaloue, Larue et Massillon. Jolie édition. 1 vol. in-18. 1 f. p. 1 f. 50 c.

PAROISSIEN (petit) des Demoiselles, contenant l'Office des dimanches et des fêtes selon l'usage de Paris. 1 vol. in-24. orné de 8 gravures. *Paris*, 1822. 1 f. 20 c. p. 1 f. 80 c.

— LE MÊME OUVRAGE. 1 vol in-32. orné de 4 jolies gravures. *Paris*, 1822. 65 c. p. 1 f.

PAROISSIEN (nouveau), contenant l'Office des dimanches et fêtes, en latin et en français, selon l'usage de Paris; augmenté d'un Abrégé de la foi et des prières pour les principales circonstances de la vie. 1 vol. in-18. sur carré fin d'Angoulême, orné de 8 belles gravures. *Paris*, 1822. 2 f. p. 3 f.

— LE MÊME OUVRAGE. 1 vol. in-24. avec les mêmes gravures. *Paris*, 1822. 1 f. 50 c. p. 2 f. 25 c.

PAROISSIEN complet, contenant l'Office des dimanches et fêtes, suivant le nouveau Bréviaire et Missel de Paris et de Rome. Jolie édition. 1 vol. in-18. *Paris*, 1821. 1 f. p. 1 f. 50 c.

— LE MÊME OUVRAGE, sur papier coquille, orné de 7 jolies gravures. 2 f. p. 3 f.

PAROISSIEN complet, contenant en latin l'Office des dimanches et fêtes, suivant le nouveau Bréviaire et Missel de Paris et de Rome. 1 vol. in-24. *Paris*, 1821. 80 c. p. 1 f. 25 c.

— LE MÊME OUVRAGE, orné de 6 jolies gravures. 1 vol. in-24. *Paris*, 1821. 1 f. 25 c. p. 2 f.

PAROISSIEN romain, contenant l'Office divin des dimanches et fêtes, en latin et en français, propre aux personnes qui n'ont pas changé de Bréviaire, et qui suivent l'usage de Rome. 1 fort vol. in-18. *Paris*, 1821. 1 f. p. 1 f. 50 c.

— LE MÊME OUVRAGE. 1 vol. in-18. orné de 7 jolies gravures en taille-douce. 2 f. p. 3 f.

PAROISSIEN (petit) des jeunes Vierges, contenant l'Office des dimanches et fêtes de l'année, en latin et en français. Jolie édition, augmentée de prières pour les principales circonstances de la vie, et ornée de 6 belles gravures. 1 vol. in-18. *Paris*, 1822. 2 f. p. 3 f.

PAROISSIEN des Dames, contenant l'Office des dimanches et fêtes, en latin et en français, selon l'usage de Paris, augmenté de l'*Attende* et de l'*Adoremus*. 1 vol. in-18. orné de 6 jolies gravures. *Paris*, 1822. 1 f. 50 c. p. 2 f. 25 c.

— LE MÊME OUVRAGE. 1 vol. in-24. avec les mêmes gravures. *Paris*, 1822. 1 f. p. 1 f. 50 c.

PENSÉES sur les plus importantes vérités de la religion; par *Humbert*, 1 vol. in-12. 1 f. 25 c. p. 2 f.

PETIT-CARÊME de Massillon. 1 vol. in-18. *Paris*, 1818. 90 c. p. 1 f. 50 c.

POLITIQUE chrétienne et Variétés morales et littéraires. 2 vol. in-8. *Paris*, 1816. 6 f. p. 10 f.

PRÔNES réduits en pratiques pour tous les dimanches et principales fêtes de l'année; par *Billot*, ancien directeur du séminaire de Besançon. 5 vol. in-12. 7 f. 50 c. p. 12 f. 50 c.

PRÔNES nouveaux en forme d'Homélies pour les dimanches et principales fêtes de l'année par l'abbé *Reyre*. 2 vol. in-12. 1822. 3 f. 50 c. p. 5 f.

RÉFLEXIONS spirituelles du P Berthier. Nouvelle édition, augmentée du texte de l'Apôtre saint Paul sur la première épître aux Corinthiens. 5 gros vol. in-12. 9 f. p. 15 f.

RELATION des faits miraculeux, concernant la révérende mère Emmerich, religieuse du Couvent des Augustines en Westphalie, avec les témoignages qui constatent ces faits subsistans depuis onze années. In-8. figures. *Paris*, 1820. 60 c. p. 1 f.

RELIGION (la) et la Grâce; par *L. Racine*. 1 vol. in-8. portrait, 1820. 3 f. 50 c. p. 5 f.
— LE MÊME OUVRAGE. papier vélin. 5 f. p. 8 f.
RELIGION, (la) poème; par *L. Racine*, édition augmentée des tragédies d'Esther et d'Athalie, des poèmes de Ruth et de Tobie, 1 volume in-18. 90 c. p. 1 f. 50 c.
RELIGION (la), poème, suivi de quelques fragmens sur la Grâce; par *Louis Racine*. 1 volume in-18. 90 c. p. 1 f. 50 c.
SENTENCE pratique appliquée pour soi ou pour autrui. Nouvelle édition. 1 vol. in-32. *Paris*, 1818. 25 c. p. 40 c.
TABLEAUX et Ordinaire de la messe, avec prières du matin et du soir, litanies de Jésus, de la Vierge et des Saints, les sept psaumes de la Pénitence, vêpres et complies, oraisons de sainte Brigitte, prières pour la confession et la communion, littanies pour les malades et agonisans, etc. etc., ornés de 37 planches en bois, représentant toutes les cérémonies de la messe. Nouvelle édition. In-32. de 200. pages, bien exécutées. *Lyon*. 1821. Le cent. 18 f. p. 30 f.
THÉODULE, ou l'Enfant de bénédiction; par *M. A. Marin*. 1 vol. in-18. *Lyon*, 1821. 60 c. p. 1 f.
TRAITÉ historique et dogmatique des Fêtes principales et mobiles, et des temps de pénitence de l'Eglise. 2 vol. in-8. 1819. 8 f. p. 12 f.
VIE de Saint Louis de Gonzague, de la Compagnie de Jésus, composée en italien par le père *Virgile Céparï*, de la même Compagnie; et traduite par par *Calpin*, ex-pénitencier du pape. Édition augmentée de la Vie de saint Stanislas Kostka. 1 gros vol. in-12. portrait. 1821. 1 f. 80 c. p. 3 f.
VIRGINIE, ou la Vierge chrétienne, histoire sicilienne, pour servir de modèle aux filles qui aspirent à la perfection; par le R. P. *Michel-Ange Marin*. 2 vol. in 12. 3 f. p. 5 f.

STÉRÉOTYPES D'HÉRHAN,

A LA REMISE DE 40 POUR 100.

Le prix des cartonnages est de 15 c. pour les in-18, et de 20 c. pour les in-12.

CLASSIQUES LATINS.

ACTUS et Epistolæ Apostolorum. 1 gros volume in-18. 1 f. 60 c.
APPENDIX de Diis, auctore Lhomond, avec le Dictionnaire. 1 vol. in-18. 85 c.
CÆSARIS Commentarii. 1 vol. in-18. 1 f. 30 c.
CONCIONES è veteribus historicis excerptæ. 1 vol. in-12. 2 f. 25 c.
CORNELIUS Nepos. 1 vol. in-18. 85 c.
DE VIRIS illustribus Romæ, auctore *Lhomond*, avec le Dictionnaire. 1 vol. in-18. 1 f. 30 c.

DISCOURS CHOISIS DE CICÉRON, savoir:

CICERONIS Orator. In-12. 75 c.
DE SENECTUTE. In-12. 40 c.
DE AMICITIA. In-12. 40 c.
DE OFFICIIS. 1 f. 25 c.
ECLOGÆ quas selegit Jos. Olivetus. 75 c.
PARADOXA, et Somnium Scipionis. 40 c.
PRO MILONE. 40 c.
PHILIPPICA secunda. 75 c.
ORATIO pro Lege Maniliâ. 40 c.
ORATIO pro Archiâ Poetâ. 40 c.
— in Verrem de Signis. 75 c.
— in Verrem, de Suppliciis. 75 c.
ORATIONES, in Catilinam, 1, 2, 3, 4. 75 c.
ORATIONES pro Ligario et pro Marcello. 40 c.

ÉLÉMENS de la Grammaire française, par *Lhomond*. 1 vol. in-12. 40 c.
ÉLÉMENS de la Grammaire latine, par le même. 1 vol. in-12. 80 c.
EPITOME Historiæ Sacræ, auctore *Lhomond*. 1 vol. in-18. 85 c.
EXCERPTA è Tacito, ou Morceaux choisis de Tacite, avec les notes de M. Rendu. 1 volume in-12. 1 f. 50 c.

GRAMMAIRE française de M. *Gueroult*. 1 vol. in-12. 1 f. 50 c.
HORATIUS (Quintus). 1 vol. in-18. 1 f. 20 c.
JUSTINI Historiarum. 1 vol. in-18. 1 f. 25 c.
JUSTINIANI Institutiones. 1 vol. in-18. 1 f. 50 c.
METHODE pour étudier la Langue latine, par M. *Gueroult*. 1 vol. in-12. 1 f. 30 c.
NOVUM J.-C. Testamentum. 1 vol. in-18. 2 f.
ORAISONS funèbres de *Bossuet*. 1 vol. in-18. 1 f. 50 c.
ORAISONS funèbres de *Fléchier, Bourdaloue, Mascaron* et *Massillon*. 2 vol. in-18. 3 f.
OVIDII Nasonis selectæ Fabulæ. In-12. 1 f. 20 c.
PHÆDRI Augusti liberti Fabulæ. In-18. 75 c.
QUINTUS Curtius. 1 vol. 18. 1 f. 20 c.
SALLUSTII. 1 vol. in-18. 85 c.
SELECTÆ e profanis. 1 vol. in-12. 2 f. 25 c.
SELECTÆ è veteri Testamento. In-18. 1 f. 25 c.
TROPES (les) de Dumarsais. 1 vol. in-12. 1 f. 50 c.
VIRGILIUS Maro. 1 vol. in-18. 1 f. 20 c.

AVENTURES (les) de Télémaque, par *Fénélon*. 2 vol. in-12. 4 f. 50 c.
— LES MÊMES. 2 vol. in-18. 3 f.
AVENTURES de Robinson. 4 vol. in-18. avec 4 figures. 4 f.
— LES MÊMES, avec 16 jolies gravures. 5 f.
CARACTÈRES (les) de La Bruyère, suivis de ceux de Théophraste. 3 vol. in-18. 3 f. 75 c.
CHEFS-D'ŒUVRE (les) de Pierre et de Thomas Corneille. 5 vol. in-18. 7 f. 50 c.
— LES MÊMES, avec les Commentaires de Voltaire. 5 vol. in-18. 10 f.
CHOIX de vieux Poètes français et de divers autres dont les pièces sont en trop petit nombre pour obtenir une classification particulière; par M. *Millevoye*. 4 vol. in-18. 6 f.
LA FONTAINE, Œuvres. 5 vol. in-18. 7 f. 50 c.
— Fables. 1 vol. in-18. 1 f. 50 c.
— Contes. 1 vol. in-18. 1 f. 50 c.

— Psyché et Adonis. 1 vol. in-18.   1 f. 50 c.
— Théâtre. 1 vol. in-18.   1 f. 50 c.
— Œuvres diverses. 1 vol. in-18.   1 f. 50 c.
MAGASIN des Enfans, par madame *Leprince de Beaumont.* 4 vol. in-18. avec 12 gravures.   4 f.
MAGASIN des Adolescentes, par la même. 4 vol. in-18. avec 4 gravures.   5 f.
MAGASIN des jeunes Dames, par la même. 4 vol. in-18. avec 4 gravures.   6 f.
MORT (la) d'Abel, par Gessner. 1 vol. in-18. avec fig.   1 f. 20 c.
— Le même ouvrage, avec 6 grav.   1 f. 80 c.
ŒUVRES de Bernard. 1 vol. in-18.   1 f. 50 c.
ŒUVRES de Boileau. 1 vol. in-18.   1 f. 50 c.
ŒUVRES du cardinal de Bernis. 2 vol. in-18. 2 f. 50 c.
ŒUVRES choisies de Beaumarchais. 2 vol. in-18. 3 f.
ŒUVRES choisies de Boissy. 1 vol. in-18.   1 f. 25 c.
ŒUVRES choisies de Bruéïs et Palaprat. 1 volume in-18.   1 f. 50 c.
ŒUVRES choisies de Colin d'Harleville. 1 volume in-18.   1 f. 50 c.
ŒUVRES de Crébillon. 3 vol. in-18.   3 f. 75 c.
ŒUVRES choisies de Dancourt. 3 vol. in-18. 4 f. 50 c.
ŒUVRES de madame Deshoulières. 2 volumes in-18.   2 f. 50 c.
ŒUVRES choisies de Destouches. 2 vol. in-18.   3 f.
ŒUVRES choisies de Dubelloy. 1 vol in-18. 1 f. 50 c.
ŒUVRES choisies de Dufresny. 1 vol. in-18. 1 f. 50 c.
ŒUVRES choisies de Fabre d'Églantine. 1 volume in-18.   1 f. 50 c.
ŒUVRES de Gresset. 1 vol. in-18.   1 f. 50 c.
ŒUVRES choisies de Lachaussée. 1 volume in-18.   1 f. 50 c.
ŒUVRES choisies de Laharpe. 1 vol. in-18. 1 f. 50 c.
ŒUVRES choisies de Le Sage, savoir :
— Gil-Blas de Santillane. 4 vol. in-18.   5 f.
— Le Diable loiteux. 2 vol.   2 f. 50 c.
— Le Bachelier de Salamanque. 2 vol.   2 f. 50 c.
— Gusman d'Alfarache. 2 vol.   3 f.
— Aventures du chevalier Beauchêne. 2 volumes in-18.   3 f.
ŒUVRES choisies de Marivaux. 1 vol. in-18. 1 f. 50 c.
ŒUVRES de Molière. 6 vol. in-18.   10 f.

ŒUVRES de Racine. 5 vol. in-18.   7 f. 50 c.
ŒUVRES de Regnard. 4 vol. in-18.   7 f.
ŒUVRES de Régnier. 1 vol. in-18.   1 f. 25 c.
ŒUVRES choisies de J. B. Rousseau, avec des notes, par M. *de Wailly.* 1 vol. in-18.   1 f. 75 c.
POÉSIES de Chaulieu et de La Fare. 1 volume in-18.   1 f. 50 c.
POÈTES français du premier ordre. 9 volumes in-18.   13 f. 50 c.
— du second ordre. 12 vol. in-18.   18 f.
PREVOST (l'abbé). Mémoires (les) d'un Homme de qualité. 4 vol. in-18.   6 f.
— Histoire du chevalier Des Grieux et de Manon Lescault. 1 vol. in-18.   1 f. 25 c.
RELIGION (la) poëme, suivi de quelques fragmens sur la Grâce ; par *Louis Racine.* 1 volume in-18.   1 f. 50 c.
RÉPERTOIRE du Théâtre français. 67 volumes in-18.   100 f.

On vend séparément :

THÉATRE du premier ordre. 27 vol. in-18.   40 f.
— du second ordre. 40 vol. in-18.   60 f.
RÉVOLUTIONS Romaines, par *Vertot.* 2 volumes in-12.   6 f.
RÉVOLUTIONS de Suède, par le même. 1 volume in-12.   2 f. 50 c.
RÉVOLUTIONS de Portugal, par le même. 1 vol. in-12.   1 f. 25 c.
VOLTAIRE. Henriade. 1 vol. in-18.   1 f. 75 c.
— Contes en vers. 1 vol. in-18.   1 f. 50 c.
— Poëmes et Discours en vers. 1 vol. in-18.   1 f. 50 c.
— Épîtres, Stances et Odes, 1 vol. in-18.   1 f. 50 c.
— La Pucelle. 1 vol. in-18.   1 f. 50 c.
— Chefs-d'Œuvre dramatiques. 4 vol. in-18.   6 f.
— Histoire de Charles xii. 1 vol. in-12.   3 f.
— Histoire de Russie sous Pierre-le-Grand. 1 vol. in-12.   3 f.
— Romans. 2 vol. in-12.   6 f.
— Siècle de Louis xiv, et Précis du Siècle de Louis xv. 3 vol. in-12.   9 f.
VOYAGE du jeune Anacharsis, par *Barthélemy.* 7 vol. in-18. avec les notes et les tables.   16 f.

LIVRES EN LANGUES ÉTRANGÈRES.

ITALIEN, ITALIEN-FRANÇAIS.

ARIOSTO, Orlando Furioso, con argomenti, dichiarazioni ad ogni canto, ed indice de' nomi proprij e delle materie principali coll' accento di prosodia. Belle édition. 8 volumes in-18. *Parigi,* 1818.   11 f. p. 16 f.
AVENTURES de Télémaque, par *Fénélon,* italien-français. Jolie édition. 2 vol. in-12.   4 f. p. 6 f.
CASTI, Animali parlanti. Jolie édition. 3 volumes in-12.   8 f. p. 10 f.
CASTI. Novelle galanti. 4 vol. in-12. portrait. *Parigi,* 1821.   11 f. p. 15 f.
DICTIONNAIRE (nouveau) français-italien, et italien-français, d'après *Alberti Botarelli,* etc. ; précédé d'un Abrégé de Grammaire italienne. Nouvelle édition, revue et augmentée par Laury. 2 vol in-16. 1819.   4 f. 50 c. p. 7 f. 50 c.
GOLDONI (Carlo) Opere scelte. 12 volumes in-8. *Padova,* 1812.   24 f. p. 36 f.

LETTRES d'une Péruvienne, italien-français ; par *Deodati,* avec l'accent prosodique, 2 volumes in-18.   2 f. p. 3 f.
LETTERE d'una Peruviana, trad. dal francese dal S. Deodati, coll' accento di prosodia. 1 volume in-18. 1822.   1 f. p. 1 f. 50 c.
MAITRE italien, ou Grammaire française-italienne de *Vénéroni.* Nouvelle édition, revue et augmentée par *Laury.* 1 vol in-8. 1820.   4 f. p. 6 f.
METASTASIO (Pietro), Opere. 8 volumes in-12. *Padova,* 1813.   20 f. p. 28 f.

ANGLAIS, ANGLAIS-FRANÇAIS.

DIALOGUES en quatre Langues, anglais, français, espagnol et portugais. In-16. La douzaine, 3 f. p. 4 f.
DICTIONNAIRE anglais-français et français-anglais, abrégé de Boyer ; augmenté 1°. d'un très grand nombre de mots qui ne se trouvent point dans les anciennes éditions ; 2°. des termes et

phrases de marine; 3°. de l'indication de la formation du féminin des adjectifs français; 4°. de l'indication du genre des noms français, dans le Dictionnaire anglais-français; 5°. d'un tableau de la formation de tous les temps des verbes français réguliers et irréguliers; 6°. de la prononciation figurée des mots anglais à l'usage des Français; par N. *Salmon*, vingt-sixième édition, revue et augmentée de 5,000 mots par L.-F. *Fain*, professeur de langue anglaise. 2 forts volumes in-8. de près de 800 pages. *Paris*, 1821.　　11 f. p. 18 f.

DICTIONNAIRE français-anglais et anglais-français, de *Nugent*, dix-septième édition, augmentée par *Ouiseau*; revue et corrigée par M. *Fain*, et où se trouve, pour la première fois, *la Grammaire anglaise de Siret*. 1 gros volume in-16. imprimé avec le plus grand soin sur papier superfin, et orné de deux jolies gravures de *Couché. Paris*, 1818.　　5 f. p. 7 f. 50 c.

— LE MÊME OUVRAGE (*sans la Grammaire*). 1 vol. in-16. avec les deux gravures.　　4 f. p. 6 f.

ELEMENTS (the) of english conversation with new familiar and easy dialogues each preceded by a suitable vocabulary in french and english, by John *Perrin*, a new edition, carefully revised by Lewis-Francis *Fain*, and enlarged with a choice of english idioms by Chambaud. 1 vol. in-12 cartonné. *Paris*, 1822.　　80 c. p. 1 f. 25 c.

ÉLÉMENS de la Langue anglaise; par *Siret*. Nouvelle édition, revue et corrigée par *Poppleton*. 1 vol. in-12. 1820.　　1 f. 25 c. p. 2 f.

GOLDSMITH'S History of England. Belle édition. 2 vol. in-12. 1817.　　4 f. p. 6 f.

GOLDSMITH'S roman history abridged. 1 volume in-12. *London*, 1817.　　2 f. p. 3 f.

MAITRE (le) d'Anglais, par *Cobbett*; suivie des Elémens de la Conversation anglaise, par *Perrin*; et d'un Choix des Idiotismes de la langue anglaise, par *Chambaud*. Nouvelle édition, augmentée de notes, revue et corrigée par M. *Fain*. 1 fort vol. in-12. *Paris*, 1819.　　2 f. 25 c. p. 3 f. 50 c.

MILTON'S (J.) Paradise Lost, a poem. Jolie édit. 1 vol. in-12. 1818.　　2 f. p. 3 f.

NARRATIVE of the expedition to south América, by *C. Brown*. 1 vol. in-8. 1819.　　3 f. p. 4 f.

TRAVELS and Adventures in Canada and the Indian territories, by Alexander Henry. *New-York*, 1809, 1 vol. in-8.　　3 f. 50 c. p. 5 f.

TRAVELS, or an Irland Voyage, Through the states of New-York, Pensilvania, etc.; by *Christian Schultz*. 2 vol. in-8. cartes et fig. *New-York*, 1810.　　7 f. p. 10 f.

VOLNEY'S Ruins or Meditation on the Revolutions of Empires, translated under the immediate inspection of the author from the sixth Paris edition; to which is added the law of nature, and a short biographical notice by count Daru. 1 vol. in-18. avec planche et portr. *Paris*, 1820. 2 f. 25 c. p. 3 f.

ESPAGNOL, ESPAGNOL-FRANÇAIS.

ARTE de Hablar bien Frances, ou Grammaire française à l'usage des Espagnols, par *Chantreau*. 1 vol. in-8. *Lyon*, 1820.　　3 f. 75 c. p. 6 f.

CERVANTES (Miguel) Don Quixote de la Mancha. Belle édit. conforme à celle publiée par l'Académie de Madrid. 7 vol. in-8. papier fin d'Auvergne, ornés de 40 fig. *Paris*, 1814.　　30 f. p. 54 f.

— LE MÊME OUVRAGE. 7 gros vol. in-18 même pap. et même fig.　　24 f. p. 36 f.

DICTIONNAIRE français-espagnol et espagnol-français, avec l'interprétation latine de chaque mot; par *Gattel*. Nouvelle édition, revue, corrigée et considérablement augmentée. 2 gros vol. in-4.　　21 f. p. 36 f.

LLORENTE (Antonio), Historia critica de la Inquisition de España. 10 vol. in-18. portrait. *Paris*, 1822.　　21 f. p. 30 f.

MORATIN. Comedias publicadas con el nombre de Inarco Celenio. 2 vol. in-12. fig. 1821. 5 f. p. 7 f.

LIVRES DE FONDS.

ROMANS.

Remise de 35 pour 100.

MADELEINE, par mistriss *Opie;* trad de l'anglais, par madame *Collet.* 3 vol. in-12. 1822.   7 f. 50 c.

DAME (la) DU LAC, trad. de l'anglais, de *Walter Scott;* par madame *Élisabeth de Bon.* Seconde édition. 2 vol. in-12. 1822.   5 f.

ÉLODIE, ou l'abandon paternel. 4 vol. in-12. figures 1822.   10 f.

LÉON ET JUSTINE, ou le Mariage équivoque; par *Brun.* 4 vol. in-12. 1822.   10 f.

ANNETTE ET WILHELM, ou la Constance éprouvée; trad. de l'allemand, de *Kotzebue,* par mad. *Morel,* auteur de Gertrude de Wartz. 2 vol. in-12. 1821.   4 f.

BIZARVILLE (M.), ou les Travers de l'esprit; par *Galand.* 3 vol. in-12. 1821.   7 f. 50 c.

DUCHESSE (la) ANNE, ou les Souterrains de Raoul II. 2 vol. in-12. 1821.   5 f.

MÉLINA, ou la Femme sacrifiée; par madame la baronne de *Cusey,* auteur du Muet, de Damarisse, etc. 3 vol. in-12. 1820.   7 f. 50 c.

MODÈLE (le) DES FEMMES; trad. de l'anglais, de mistriss *Edgeworth,* par madame *Élisabeth de Bon.* 2 vol. in-12.   4 f.

BIBLIOTHÉQUE (petite) DE ROMANS, extraits des auteurs français et étrangers les plus célèbres. 3 vol. in-12.   6 f.

PIGAULT-LEBRUN.

ADÉLAIDE de Méran, 4 vol. in-12.   10 f.
ANGÉLIQUE et Jeanneton, 2 vol.   4 f.
BARONS (les) de Felsheim, 4 vol.   10 f.
CENT VINGT JOURS (les), 4 vol.   10 f.
CITATEUR (le), 2 vol.   5 f.
ENFANT (l') du Carnaval, 3 vol.   7 f. 50 c.
FAMILLE (la) Luceval, 4 vol.   10 f.
FOLIE (la) espagnole, 4 vol.   10 f.
GARÇON (le) sans souci, 2 vol.   5 f.
JÉROME, 4 vol.   10 f.
HOMME (l') à projets, 4 vol.   10 f.
MÉLANGES littéraires et critiques, 2 vol.   5 f.
MON ONCLE Thomas, 4 vol.   10 f.
MONSIEUR BOTTE, 4 vol.   10 f.
MONSIEUR DE ROBERVILLE, 4 vol.   10 f.
OFFICIEUX (l'), 2 vol.   5 f.
TABLEAUX de Société, 4 vol.   10 f.
THÉATRE, 6 vol.   15 f.
MACÉDOINE (une), 4 vol.   10 f.

SIR WALTER SCOTT.

AVENTURES de Nigel, 4 vol. in-12.   10 f.
WAVERLEY, ou l'Écosse il y a soixante ans, 4 vol. in-12.   10 f.
GUY MANNERING, ou l'Astrologue, 4 volumes in-12.   10 f.
ANTIQUAIRE (l'), 4 vol. in-12.   10 f.
PURITAINS (les) d'Écosse et le Nain mystérieux, 4 vol. in-12.   10 f

ROB-ROY, 4 vol. in-12.   10 f.
PRISON (la) d'Édimbourg, 4 vol. in-12.   10 f.
OFFICIER (l') de Fortune, 2 vol. in-12.   5 f.
FIANCÉE (la) de Lammermoor. 3 vol. in-12. 7 f. 50 c.
IVANHOÉ, ou le Retour du Croisé, 4 vol. in-12. 10 f.
MONASTÈRE (le), 4 vol. in-12.   10 f.
ABBÉ (l'), 4 vol. in-12.   10 f.
KENILWORTH, 4 vol. in-12.   10 f.
PIRATE (le), 4 vol. in-12.   10 f.
LETTRES de Paul à sa famille, 3 vol. in-12. 7 f. 50 c.
LAI (le) du dernier Ménestrel, et le Lord des iles, 2 vol in-12.   5 f.
MATHILDE de Rokeby, et Harold l'intrépide, 2 vol. in-12.   5 f.
MARMION, ou la Bataille de Flodden-Field, 2 vol. in-12.   5 f.
DAME (la) du Lac, et les Fiançailles de Triermain, 2 vol. in-12.   5 f.
VISION (la) de don Roderick, etc., 1 volume in-12.   2 f. 50 c.
HALIDON HILL, esquisse dramatique tirée de l'histoire d'Ecosse. 1 vol. in-12, 1822.   2 f.

LA COLLECTION des Œuvres de *Sir Walter Scott,* format in-12, se compose de 66 vol. Chaque ouvrage se vend séparément; mais il y a des exemplaires complets avec titres de collection et des couvertures imprimées. Prix des 66 vol. 164 f. 50 c.

La collection est divisée en deux séries :

Les *romans historiques,* 57 vol.

Les *romans poétiques,* 9 vol.

Chaque série se vend aussi séparément, à raison de 1 f. 75 c. p. 2 f. 50 c. le vol. broché.

ROMANS PARUS DEPUIS 1814.

ABBAYE (l') de Craigh-Melrose, ou Mémoires de la famille de Mont-Linton; traduit de l'anglais, par *Cohen.* 4 volumes in-12, 1817. 10 f.

ABBAYE (l') de Sainte-Aure, ou encore une victime de l'amour. 2 volumes in-12, 1818. 5 f.

ADELAIDE ou le Faux ami, par *Nougaret.* 4 vol. in-12. 1815. 9 f.

ADÈLE Dorsay, par Mme Benoît de Crezolles. 3 vol. in-12, 1816. 6 f.

ADÈLE et Ferdinand, ou le Pêcheur de la Loire. 2 vol. in-12, 1816. 4 f.

ADELPHINE de Rostanges, ou la Mère qui ne fut point épouse; par *Desforges.* 2 vol. in-12. 1822. 5 f.

AGATHE, ou le petit Vieillard de Calais, par Victor Ducange. 2 vol. in-12, 1819. 5 f.

AGATHE et Théocrène, par *Lambert.* 2 vol. in-12. fig. 1820. 5 f.

AGLAURE d'Almont, ou amour et devoir; par mademoiselle *Fleury.* 2 vol. in-12. 1820. 5 f.

ALBAROSE, ou les apparitions de Baffo, par *Marchais de Migneaux.* 5 vol. in-12. 1821. 10 f.

ALBERT, ou les Amans missionnaires, par *Victor Ducange.* 2 vol. in 12. 1820. 5 f.

ALBERTINE de Saint-Albe, par Mme *Mary Gay Allart.* 2 vol. in-12. 1818. 5 f.

ALEXANDRE, ou le soi-disant grand homme; par *Rougemaitre.* 3 vol. in-12. fig. 1819. 6 f.

ALFRED et Liska, ou le Hussard parvenu, par *Lamartellière.* 4 vol. in-12. 1818. 8 f.

ALICIA de Lacy; traduit de l'anglais, de mistriss *Wrest*; par Mme *Élisabeth de Bon.* 5 volumes in-12. 1820. 12 f. 50 c.

ALMED, ou le Sage dans l'adversité, Mémoires recueillis par l'auteur du Voyage sentimental en France. 3 vol in-12. 1815. 7 f. 50 c.

ALOISE de Mespres, Histoire tirée des Chroniques du douzième siècle, par madame *R.* 1 vol. in-12. 1814. 2 f. 50 c.

ALPHONSE de Coucy, ou quelques scènes de la campagne de Russie. 2 vol. in-12. 1819. 5 f.

ALPHONSE et Mathilde, par Mme *L. d'É***.* 2 vol. in-12. 1819. 5 f.

ALTAMOR, ou les cinq frères; par *De Boissy,* auteur d'Agnès Sorel. 3 vol. in 12. 1820. 7 f. 50 c.

AMANTS (les) de Charenton, par mad. la comtesse de *Choiseul-Meuse.* 4 vol. in-12. 1818. 9 f.

AMANS (les) vendéens, par *Gosse.* 4 vol. in-12. fig. 1819. 8 f.

AMOUR et Gloire, Aventures galantes et militaires; par l'auteur de Julie, ou j'ai sauvé ma rose. 4 vol. in-12. fig. 1817. 10 f.

AMOUR, Orgueil et Sagesse, suivi de plusieurs Nouvelles; par l'auteur des Veillées d'une captive. 2 vol. in-12. 1820. 4 f. 50 c.

ANASTASE et Nephtali, ou les Amis; par l'auteur de Félicie et Florestine. 4 vol. in-12. 1815. 10 f.

ANTHÉLIA Mélincourt, ou les enthousiastes; traduit de l'anglais. 2 vol. in-12. 1818. 4 f.

AUGUSTE et Frédéric; par madame de *Bauer,* auteur de la Suite d'un bal masqué. 2 vol. in-12. 1817. 5 f.

AURÉLIE, ou le Bigame; par l'auteur du Caissier et sa Fille. 3 vol. in-12. 1814. 7 f. 50 c.

AVARE (l') et sa Famille; traduit de l'anglais, de mistriss *Parsons.* 4 vol. in-12. 1815. 8 f.

AVENTURIER (l') grand seigneur, ou les embarras de la vie; par *Frère*; traduit de l'anglais, par le traducteur des Œuvres de Walter Scott. 4 vol. in-12 1821. 10 f.

AVEUX (les) de Clara, ou faiblesse et repentir; par madame la comtesse de *Montholon.* 2 vol. in-12. fig. 1820. 5 f.

AVEUX (les) au tombeau, ou la famille du Forestier; traduit de l'allemand, d'*Auguste Lafontaine*; par madame *Élise Voïart.* 4 vol. in-12. 1817. 10 f.

BAROZZI, ou les Sorciers vénitiens; traduit de l'anglais, de mistriss *Smith.* 2 vol. in-12. 1817. 4 f.

BEAUTÉ et Laideur, par *Élisabeth Bennet*; trad. de l'anglais, par le traducteur de l'Orpheline du Presbytère. 2 vol. in-12. 1820. 5 f.

BELLE (la) Sorcière de Glass-Llin, conte de mon Hôte, roman attribué à Walter-Scott. 4 vol. in-12. 1821. 10 f.

BERCEAU (le) de Roses sauvages, ou l'Héritière méconnue; par l'auteur d'Armand et Angella. 4 vol. in-12. 1815. 9 f.

BOBONNE de Ker-Kérakou, ou les malheurs de Cléophile de Sainte-Solange; par *Ducray.* 2 vol. in-12. fig. 1817. 4 f.

CALTHORPE, ou les Revers de la fortune, traduit de l'anglais, par le traducteur de Walter-Scott. 4 vol. in-12. 1821. 10 f.

CAMPO SANTO (le), ou les effets de la calomnie; par *L'Homme Saint-Alphonse.* 4 volumes in-12. 1819. 9 f.

CAPUCINS (les), ou le secret du Cabinet noir; par M. de *Faverolles*; quatrième édit. 2 volumes in-12. fig. 1819. 4 f.

— LE MÊME OUVRAGE, 2 vol. in-18. fig. 3 f.

CATHERINE Shirley, ou la veille de Saint-Valentin; traduit de l'anglais, de mistriss *Opie*; par l'auteur de Quinze Jours à Londres. 4 volumes in-12. 1816. 9 f.

CAVERNE (la) de Tchaffandine, fameux brigand espagnol, ou la Berline attaquée, par *Cuisin.* 2 vol. in-12. 1822. 5 f.

CÉCILE, ou l'Élève de la Pitié; par madame la comtesse de *Choiseul-Meuse.* 2 vol. in-12. 1816. 4 f.

CÉCILE ou la Rigueur du sort, par l'auteur du Marchand forain, de la Roche du diable, etc. 2 vol. in-12. 1821. 5 f.

CHARLES, ou les inconvéniens du célibat; par madame *Maurer.* 4 vol. in-12. 1818. 8 f.

CHARLES Pointel, ou mon Cousin de la main gauche, par l'auteur de l'Héritière de Birague. 4 vol. in-12. 1821. 10 f.

CHATEAU (le) d'Alvarino, ou les effets de la vengeance; par *Lagrave.* 2 vol. in-12. fig. 1821. 5 f.

CHATEAUX (les) d'Athlin et de Dunbayne; traduit de l'anglais, d'*Anne Radcliffe.* 2 vol. in-12. 1819. 4 f.

CHATEAUX (les) et les Chaumières, ou le bienfait et la reconnaissance; par l'auteur de Deux Années de souffrances. 3 vol. in-12. fig. 1820. 7 f. 50 c.

CHATEAU (le) du lac, ou le Génie réparateur; par *Paccard.* 5 vol. in-12. 1819. 10 f.

CHATEAU (le) noir, ou les souffrances de la jeune Ophelle; par *Anna d'Or. Mer. St. J.,* auteur de la Mère coupable. 2 vol. in-12. fig. 1821. 4 f.

CHATEAU (le) de Sombremar, ou les deux Fantômes; par madame la comtesse *Nardois.* 2 vol. in-12. 1821. 5 f.

CHATEAU (le) du Tyrol, par *Hubert.* 2 vol. in-12. 1821. 5 f.

CHATELLERAULT (mademoiselle de), ou l'Étranger mystérieux; traduit de l'anglais, par *Lister.* 2 vol. in-12. 1814. 4 f.

CHEFS (les) Ecossais, traduit de l'anglais de miss *Porter.* 5 vol. in-12. 1820. 12 f.

CHEVALIER (le) Huldmann de Bérhinger, ou la Caverne de la Montagne des Revenans; traduit de l'allemand, d'*Auguste Lafontaine;* par madame la comtesse de *Montholon.* 3 volumes in-12. fig. 1820. 7 f. 50 c.

CHEVALIER (le) de Saint-Jean; traduit de l'anglais, de miss *Porter;* par *Cohen.* 4 vol in-12. 1818. 10 f.

CHEVALIER (le) Tardif de Courtac; par *Bellemare.* 5 vol. in-12. fig. 1820. 15 f.

CHEVALIER (le) de la Vérité; traduit de l'allemand, par *Lemare.* 3 vol. in-12. 1814 6 f.

CHOIX de Contes et Nouvelles, dédiés aux Femmes; traduit de l'allemand, d'*Auguste Lafontaine;* par madame *Elise Voïart.* 2 vol. in-12. fig. 1820. 5 f.

CLÉMENTINA, ou le Sigisbéisme; par *Durdent.* 2 vol. in-12. 1818. 5 f.

CLOTILDE de Lusignan, ou le Beau Juif, manuscrit trouvé dans les archives de Provence, par lord *R'hoone.* 4 vol. in-12. 1822. 10 f.

COLIN-MAILLARD, ou mes Caravanes; par *Plancher* 4. vol. in-12. 1816. 9 f.

COMTE (le) Arthur de Standfort, roman de chevalerie, traduit de l'anglais. 2 vol. in-12. 1820. 4 f.

COMTE (le) Vappa, ou le crime et le fatalisme; traduit de l'anglais, d'*Anne Radcliffe.* 3 volumes in-12. 1820. 7 f. 50 c.

CONNÉTABLE (le) de Bourbon et la Duchesse d'Angoulême, par *Langlois.* 2 volumes in-12. 1818. 5 f.

CONSOLATIONS d'un Solitaire, par *Duronceray.* 3 vol in-12. 1817. 6 f.

CORALIE, ou le danger de l'exaltation chez les Femmes; traduit de l'allemand, de madame *Caroline Pichler;* par madame *Elise Voïart.* 4 vol. in-12. fig. 1820. 10 f.

DÉLIA, ou les deux Cousines; traduit de l'anglais, de *Shéridan;* par *Bertin.* 2 vol. in-12. 1817. 4 f.

DEUX (les) Hector, ou Histoire de deux familles bretonnes, par l'auteur de l'Héritière de Birague. 2 vol. in-12. 1821. 5 f.

DIX Journées de la vie d'Alphonse Van Vorden; manuscrit trouvé à Saragosse, par le comte *Potocki.* 3 vol. in-12. 1814. 4 f.

DON Sébastien, roi de Portugal, traduit de l'anglais de miss *Anna Porter,* par le traducteur du Polonais. 3 vol. in-12. 1820. 7 f. 50 c.

DUBREUIL et Mélanie, ou les revers de la fortune; par *Ducray.* 2 vol. in-12. 1821. 5 f.

DUC (le) de Guise, roman historique 1 vol. in-12. 1814. 2 f.

DUELS (les), Suicides et Amours du bois de Boulogne; par un *Rôdeur.* 2 vol. in-12. fig. 1821. 5 f.

ÉCOLIER (l') de Brienne, ou le Chambellan indiscret, Mémoires historiques et inédits sur Napoléon, publiés par le baron *de B...* 3 vol. in-12. *fac simile,* 1818. 7 f. 50 c.

EDOUARD et Arabelle, ou l'Élève de l'infortune et de l'amour, par *Desforges.* 2 volumes in-12. 1822. 5 f.

EDOUARD en Écosse, ou la Bataille de Culloden; traduit de l'anglais, par le baron *Vel....* 4 volumes in-12. fig. 1822. 10 f.

ÉDOUARD et Elfride, ou la Comtesse de Salisbury; par l'auteur des Annales du crime et de la vertu. 3 vol. in-12. fig. 1816. 7 f. 50 c.

ÉDELMONE et Lorédan, ou l'orange de Malte; par *Paccard.* 2 vol. in-12. 1817. 4 f.

ELFRIDE, ou les suites d'un duel. 2 volumes in-12. 1821. 5 f.

ELLESMER, ou les dangers de la légèreté; traduit de l'anglais. 4 vol. in-12. 1814. 8 f.

EMILIE et Erlach, ou les Heureuses familles Suisses, traduit de l'allemand, d'*Auguste Lafontaine.* 3 vol. in-12. 1821. 6 f.

EMMA ou la Première Nuit des Noces. 1 vol. in-12. 1821. 2 f. 50 c.

ENFANT (l') du Coche, par *Ludwig de Sabaroth.* 2 vol. in-12. figures, 1822. 5 f.

ENFANT (l') de ma Femme, par *Paul de Kock,* auteur de Georgette. 2 vol. in-12. 1822. 5 f.

ERMÉNIE de Boissondeuil, par madame de B***. 2 vol. in-12. 1820. 4 f.

ERMITÉ (l') du Mont Saint-Valentin, par madame *de Terry.* 2 vol. in-12. 1821. 5 f.

ÉTRANGÈRE (l') dans sa famille, ou l'Obstacle invincible; par l'auteur d'Armand et Angella. 4 vol. in-12. 1814. 8 f.

EUGÈNE de Senneville et Guillaume Delorme; par *Picard.* 4 vol. in-12. 1815. 10 f.

EUGÉNIE, ou l'héroïsme de la reconnoissance. 2 vol in-12. 1819. 5 f.

EUGÉNIE, ou les torts pardonnés. 2 volumes in-12. 1818. 4 f.

FAMILLE (la) cosmopolite, ou chaque pays a ses usages; par l'auteur de l'Homme aux trois noms. 2 vol. in-12. 1819. 5 f.

FAMILLE (la) de Montorio, traduit de l'anglais, par *Cohen.* 5 vol. in-12. 1822. 13 f.

FAMILLE (la) Tilbury, ou la Caverne de Wokey; par madame *Bournon-Malarme.* 3 vol. in-12. 1816. 6 f.

FAMILLE (la) Vanpol, ou les effets de la démoralisation; par *Letournel.* 3 vol. in-12. 1816. 6 f.

FANELLI, ou l'Orpheline sans l'être; par *Levallois.* 2 vol. in-12. fig. 1814. 4 f.

FAUX Ermite (le), ou les victimes de la fatalité; par *Ducray.* 3 vol. in-12. 1818. 6 f.

FILLE (la) femme et veuve, imitation burlesque du Renégat, du vicomte d'Arlincourt. par *Gilbert.* 1 vol. in-12. fig. 1822. 3 f.

FEMME (la) errante; traduit de l'anglais, de miss *Burney.* 5 vol. in-12. 1815. 12 f. 50 c.

FEMME (la), ou Ida l'Athénienne; traduit de l'anglais, de miss *Owenson.* 4 vol. in-12. 1817. 8 f.

FEMMES (les), ou rien de trop; traduit de l'anglais, par madame *Élisabeth de Bon.* 3 vol. in-12. 1820. 7 f. 50 c.

FERME (la) aux Abeilles, imité d'*Auguste Lafontaine,* par madame de *Montolieu.* 2 vol. in-12. 1814. 5 f.

FILS (le) perdu, ou Mémoires de la famille d'Orkney, traduit de l'anglais de mistriss Mecke, par *Cohen.* 4 vol. in-12. 1822. 10 f.

FOLIE et Raison. 2 vol. in-12. fig. 1815. 5 f.

FORÊT (la) Noire, ou les Aventures de M. de Luzy; par l'auteur de la Roche du Diable. 4 vol. in-12. 1821. 10 f.

FORÊT (la) de Woronetz, par l'auteur de la Petite Harpiste. 4 vol. in-12. 1821. 10 f.

FRANCINE, ou la Bergère du Rhône; par *Destouches*. 1 vol. in-12. fig. 1814. 2 f.

FRANÇOIS Premier et madame de Châteaubriand, par madame *Gottis*; seconde édition. 2 vol. in-12. fig. 1816. 5 f.

FRÈRES (les) hongrois: trad. de l'anglais, de miss *Porter*; par madame *Elisabeth de Bon*. 3 volumes in-12. 1818. 7 f. 50 c.

FRÈRE Jacques, par *Paul de Koch*. 4 vol. in-12. 1822. 10 f.

FRÈRE (le) et la Sœur, ou le repentir; trad. d'*Auguste Lafontaine*, par madame *Elise de Montholon*. 3 vol. in-12. 1819. 7 f. 50 c.

FUNESTES (les) Égaremens, ou Histoire de la Comtesse de Stanmore, traduit de l'anglais, par madame *Collet*. 4 vol. in-12. 1820. 10 f.

GABRIELLE, par madame la duchesse *D****, auteur des Deux Amis. 3 vol. in-12. 1822. 7 f. 50 c.

GABRIEL Vénance, par *Auger Saint-Hippolyte*. 2 vol. in-12. portr. 1820. 5 f.

GASPARD de Limbourg, ou les Vaudois, par *Lombard de Langres*. 5 vol. in-12. fig. 1821. 6 f.

GEORGETTE, ou la Nièce du Tabellion; par *Paul de Koch*. 4 vol. in-12. 1821. 10 f.

GUSTAVE, ou le Mauvais sujet, par *Paul de Koch*. 3 vol. in-12. 1821. 7 f. 50 c.

HABITANS (les) de l'Ukraine, ou Alexis et Constantin, par madame la comtesse d'*Hautpoul*. 3 vol. in-12. 1820. 7 f. 50 c.

HAINES (les) de famille, ou les époux sans l'être; par *Everat*. 5 vol. in-12. 1817. 10 f.

HARRINGTON, traduit de l'anglais de miss Edgeworth. 2 vol. in-12. 1817. 5 f.

HENRI II, duc de Montmorency; par *Regnault de Warin*. 1 vol. in-12. 1816. 2 f.

HÉRITIÈRE (l') de Birague, par l'auteur de Charles Pointel. 4 vol. in-12. 1821. 10 f.

HERMITAGE (l') Saint-Jacques, ou Dieu, le Roi et la Patrie; par *Ducray Duminil*. 4 vol. in-12. 1815. 10 f.

HERMITE (l') du bois de Santaren, ou les Trois Amis. 3 vol. in-12. figures, 1822. 6 f.

HÉROINE (l') moldave, par madame *Gacon Dufour*. 3 vol. in-12. 1818. 6 f.

HISTOIRE amoureuse de la cour d'Angleterre, par l'auteur des Mémoires d'Olivier Cromwell. 2 vol. in-12. 1820. 5 f.

HISTOIRE des deux faux Dauphins, par *Alphonse de Beauchamp*. 2 vol. in-12. fig. 1818. 5 f.

HISTOIRE de Solarice, ou la Femme martyre de son orgueil, par *Quesné*. 2 vol. in-12. 1822. 5 f.

HOMME (l') du Mystère, ou Histoire de Melmoth, le voyageur, par l'auteur de Bertram, traduit de l'anglais. 3 vol. in-12. 1821. 7 f. 50 c.

IDA, roman imité de l'allemand, de madame *Lamothe Fouqué*, auteur d'Ondine; par madame de *R****. 3 vol. in-12. fig. 1821. 7 f. 50 c.

IMOGÈNE, ou les Moines du Liban, par *Collin de Plancy*. 2 vol. in-12. fig. 1822. 5 f.

INVISIBLES (les), ou les Ruines du Château des Bois; trad. de l'allemand, d'*Auguste Lafontaine*; par *Léon A****. 2 vol. in-12. 1820. 5 f.

IRNER, traduit de l'anglais de lord *Byron*. 2 vol. in-12. 1821. 5 f.

ISAURE et Montigny, par madame *Tercy*. 2 vol. in-12. fig. 1818. 5 f.

JACQUES le Fataliste et son Maître, par *Diderot*; jolie édition. 1 vol. in-18. Paris, 1822. 2 f.

JEAN et Jeannette, ou les petits Aventuriers parisiens; par *Ducray Duminil*. 4 volumes in-12. fig. 1816. 10 f.

JEAN Louis, ou la Fille trouvée, par l'auteur de l'Héritière de Birague. 4 vol. in-12. 1822. 10 f.

JEAN de Procida, ou les Vêpres siciliennes; par le baron de *Lamothe-Langon*. 4 volumes in-12. fig. 1821. 10 f.

JEUNE (le) Cléveland, ou Traits de Nature, traduit de l'anglais de miss *Burney*. 4 vol. in-12. 1819. 10 f.

JEUNE Fille (la), ou Malheur et Vertu; suivie du Sultan et l'Arabe; par madame *Gottis*. 2 volumes in-12. 1818. 4 f.

JEUNE (le) de sainte Magdeleine, ou les illustres Proscrits; trad. de l'anglais, de miss *Porter*. 3 vol. in-12. 1819. 7 f. 50 c.

JOHN Bull, ou Voyage à l'Isle des Chimères; par *Léger*. 3 vol. in-12. fig. 1818. 7 f. 50 c.

JOHN Moore, par le comte *César Dubouchet*. 2 vol. in-12. 1819. 5 f.

JOSEPH II, empereur d'Allemagne, peint par lui-même. 2 vol. in-12. 1816. 4 f.

JUANNA et Tiranna, ou laquelle est ma femme? traduit de l'anglais par le traducteur de la Caverne d'Astolpho. 4 vol. in-12. 1816. 8 f.

JULES, ou les Frères généreux, par Dampmartin. 2 vol. in-12. 1821. 5 f.

JULIE de Lindan, ou Volonté, Nature et Destinée; traduit de l'allemand de *Charles Streckfun*. 2 vol. in-12. 1814. 4 f.

JULIETTE ou les Malheurs d'une vie coupable. 3 vol. in-12. 1821. 7 f. 50 c.

LALLA Roukh, ou la Princesse du Mogol, par *Th. Moore*; traduit de l'anglais par le traducteur des Œuvres de lord Byron. 2 vol. in-12. 1820. 5 f.

LÉONIE, ou les Travertissemens, traduit de l'allemand d'*Auguste Lafontaine*, par madame *Elise Voïart*. 3 vol. in-12. 1821. 7 f. 50 c.

LEONTINE et la Religieuse, ou les Passions du duc de Maelster, par mademoiselle *Fleury*, auteur d'Aglaure d'Almont. 4 vol. in-12. 1822. 10 f.

LÉONTINE de Werteling, par madame Adèle D***. 2 vol. in-12. 1819. 4 f.

LORD Ruthwen, ou les Vampires; par l'auteur de Jean Sbogar et de Thérèse Aubert. 2 vol. in-12. 1820. 5 f.

LORENZO de Valvelhas, histoire de deux Amans portugais; par *Fescourt*. 2 vol. in-12. 1815. 5 f.

LOUISE de Vergy, sœur de Gabrielle; par *Paccard*. 2 vol. in-12. 1816. 4 f.

LISADY de Rainville, par madame de *Valori*. 3 vol. in-12. 1814. 6 f.

MANDEVILLE, histoire anglaise, par *William Godwin*; traduite par *Cohen*. 4 vol. in-12. 1818. 9 f.

MADEMOISELLE de Montmirel, ou les Epoux malheureux. 2 vol. in-12. 1821. 5 f.

MADEMOISELLE de Salences, ou les Épreuves d'Elmire. 2 vol. in-12. 1814. 4 f.

MAITRE Étienne, ou les fermiers et les châtelains; par l'auteur de la Tombe mystérieuse. 4 vol. in-12. 1819. 9 f.

MARCELIN, ou bon cœur et mauvaise tête; par *Quesné*. 2 vol. in-12. figures, 1815. 5 f.

MARIAGE (le) malheureux, ou Mathurin et Madeleine; histoire véritable, par *B****. 3 vol. in-12. 1815.   6 f.

MARIAGES (les) nocturnes, ou Octave et la famille Browning; par mistriss *Meek*. traduit de l'anglais sur la seconde édition. 4 vol. in-12. 1820.   10 f.

MARIANNE, ou la Fermière de qualité, par madame la comtesse de *Choiseul Meuse*. 3 vol. in-12. 1821.   7 f. 50 c.

MARIE, ou les Peines de l'amour; par *Louis Buonaparte*. 3 vol. in-12. 1814.   7 f. 50 c.

MARQUIS (le) de la Rapière, par *Raban*, auteur du Curé capitaine. 1 vol. in-12. fig. 1820. 2 f. 50 c.

MÉLANIE, ou Encore une Victime du régime féodal. 1 vol. in-12. fig. 1822.   3 f.

MÉLINA de Cressanges, ou les Souterrains du château d'Orfeuil; par *Hyppolite*. 3 volumes in-12. 1820.   7 f. 50 c.

MÉLUSINE, ou les Tombeaux des Lusignans; par *Paccard*. 4 vol in-12. 1815.   8 f.

MÉMOIRES de la princesse Elisa de B***, ou Histoire d'une Orpheline française, écrite par elle-même. 2 vol. in-12. fig. 1822.   5 f.

MÉMOIRES d'Olivier Cromwell et de ses enfans, écrits par lui-même, traduit de l'anglais. 4 vol. in-12. 1816.   9 f.

MÉMOIRES de Saint-Félix, ou Aventures d'un jeune homme pendant la révolution; par *Durdent*. 3 vol in-12. 1818.   6 f.

MÉMOIRES d'un Vilain du quatorzième siècle, par *Collin de Plancy*. 2 vol. in-12. 1820.   5 f.

MILLE (les) et un Souvenirs, ou les Veillées conjugales, par *Desforges*. 5 vol. in-12. fig. 1819. 10 f.

MINISTRE (le) de Wakefield, traduit de l'anglais de *Goldsmith*. Nouvelle édition. 2 vol. in-12. 1821.   4 f.

MISSIONNAIRE (le), histoire indienne, par miss Owenson; traduite de l'anglais par l'auteur de la Femme, ou Ida l'athénienne. 3 volumes in-12. 1817.   6 f.

MON Histoire, ou l'Homme aux trois noms; par le général *Dutruy*. 4 vol. in-12. 1814.   8 f.

MYSTÈRE (le), ou il y a quarante ans, traduit de l'anglais par le traducteur de Walter-Scott. 4 vol. in-12. 1821.   10 f.

MYSTÈRES (les) de la Forêt, ou quel est le Meurtrier? traduit de l'anglais, par l'auteur d'Ellesmer, ou les Dangers de la légèreté. 4 volumes in-12. 1819.   9 f.

MYSTÈRES (les) de la Tour Saint-Jean, ou les Chevaliers du temple; traduit de l'anglais de *Lewis*, auteur du Moine. 4 vol. in-12. 1819.   10 f.

MYSTÈRES (les) de la Tour noire, traduit de l'anglais de *Joseph Palmer*. 2 vol. in-12. figures, 1821.   5 f.

NATURE (la) et les Sociétés, par *La Vallée*. 4 vol. in-12. 1815.   10 f.

NAUFRAGE (le), traduit de l'anglais de miss *Burney*. 2 vol. in-12. 1816.   5 f.

NOUVEAU (le) Solitaire, imitation burlesque du Solitaire de M. le vicomte d'Arlincourt, par *Gilbert*. 1 vol. in-12. fig. 1822.   3 f.

NOUVEAUX Contes moraux, traduit de l'anglais de mistress *Opie*; par *Aubert de Vitry*. 5 vol. in-12. 1818.   12 f.

NOUVELLE (la) Emma, ou les Caractères anglais; traduit de l'anglais. 3 vol. in-12. 1816.   7 f. 50 c.

NOUVELLES parisiennes, ou les Mœurs modernes; par *Bazot*. 3 vol. in-12. 1814.   7 f. 50 c.

OCONOR, nouvelle irlandaise, suivie d'Alphonse et Laura. 1 vol. in-12. fig. 1822.   2 f. 50 c.

OFFICIER (l') russe à Paris, ou Aventures du comte de ***. 2 vol. in-12. 1814.   4 f.

OLYMPIA et Éthelwolf, par madame de *Bournon Mallarme*. 3 vol. in-12. 1818.   7 f. 50 c.

OMBRES (les) sanglantes, galerie funèbre de prodiges, événemens merveilleux, etc. etc. 2 volumes in-12. figures, 1820.   5 f.

OPPRESSION et Révolte, ou la Guerre des seigneurs et des paysans; par l'auteur du Templier, le juif et l'arabe, etc. 3 vol. in-12. fig. 1819.   7 f. 50 c.

ORMOND, roman traduit de l'anglais de mistriss *Edgeworth*, par l'auteur de Six mois à Londres. 3 vol. in-12. 1817.   7 f. 50 c.

ORPHELIN (l') aux prises avec le Crime, par *Doris*. 3 vol. in-12. 1817.   6 f.

ORPHELINE (l') abandonnée dans l'ile Déserte, ou la Nature et les Sociétés; par *Lavallée*. 4 volumes in-12. 1817.   10 f.

ORPHELINE (l') du Presbytère; trad. de l'anglais de mistriss *Bennett*. 5 vol in-12. 1816.   10 f.

PARIA (le), par madame *Claire de ****. 2 vol. in-12. 1822.   5 f.

PARIA (le) Français, ou le Manuscrit révélateur, par le petit-fils de *Rétif de la Bretonne*. 3 vol. in-12. 1822.   7 f. 50 c.

PARIS, ou le Paradis des Femmes, par madame *Émilie de P****. 3 vol. in-12. 1821.   7 f. 50 c.

PARIS et le Village, ou les Deux Paysans; par *Garnier*. 2 vol. in-12. 1820.   4 f. 50 c.

PARVENUS (les), ou les Aventures de Julien Delmours; par madame *de Genlis*. Troisième édition. 3 vol. in-12. 1819.   10 f.

PATRE (le) Tyrolien, par *Quantin*. 2 vol. in-12. fig. 1820.   5 f.

PAYSANNE (la) espagnole, ou les Veillées du bon Stephens; par madame la comtesse d'*Oglou*. 3 vol. in-12. 1819.   6 f.

PÉLAGE, ou le Fondateur de la monarchie espagnole; par madame *De Rome*. 3 vol. in-12. 1818.   6 f.

PÈRE (le) coupable, ou les Malheurs de la famille Lewison; trad. de l'anglais de *Regina-Maria Roche*. 3 vol. in-12. figures, 1821.   7 f. 50 c.

PETITE (la) Musicienne, par *Gosse*. 3 vol. in-12. 1819.   7 f. 50 c.

PHILIBERT des Angliers, ou les Dangers d'une mauvaise éducation. 2 vol. in-12. 1821.   3 f.

PORTRAIT (le), ou la Jeune orpheline; trad. de l'anglais par madame *Élisabeth de Bon*. 3 vol. in-12. 1819.   7 f. 50 c.

POÉTE (le), ou Mémoires d'un homme de lettres, par *Desforges*; nouvelle édition. 5 vol. in-12. figures, 1819.   12 f.

PORTRAIT (le), ou la Vallée des tombeaux; par l'auteur d'Armand et Angéla. 3 volumes in-12. 1814.   6 f.

POUR (le) et le Contre, ou la vieille Fille et la Femme mariée; trad. de l'anglais de mistress *Ross*, par *Def*. 3 vol. in-12. 1818.   7 f. 50 c.

PRÉCOURT, ou le Fils perdu et retrouvé; par madame *Maurer*. 4 vol. in-12. 1818.   8 f.

PRISON (la) d'État, ou la Jeunesse de Gustave; traduit de l'allemand d'*Auguste Lafontaine*, par *Léon A****. 4 vol. in-12. 1822.   10 f.

PROSCRITS (les), ou la Famille protestante. 3 vol. in-12. 1818. 7 f. 50 c.

PROSPER, ou l'heureux Naufrage; par madame de Saint-Venant. 2 vol. in-12. 1815. 4 f.

PROTÉGÉ (le) de Joséphine de Beauharnais, par l'auteur des Amours de Napoléon. 2 vol. in-12. 1820. 5 f.

RAPHAEL d'Aguilar, ou les Moines portugais; par De Rougemont. 2 vol. in-12. 1820. 5 f.

RÉFUGIÉ (le) Espagnol. 2 vol. in-12. 1819. 6 f.

RÉFUGIÉS (les) Polonais, ou tout pour l'Amour et la Beauté; par Manuel. 3 vol. in-12. 1820. 7 f. 50 c.

RELIGIEUSE (la), par Diderot; jolie édition. 1 vol. in-18. Paris, 1822. 1 f. 50 c.

RENCONTRE (la) au Luxembourg, ou les Quatre bonnes Femmes; par madame Maurer. 5 vol. in-12. 1816. 10 f.

RENÉGATE (la), par Gilbert. 2 vol. in-12. fig. 1822. 5 f.

RÉVOLTE (la) de Boston, ou la Jeune hospitalière; par madame Barthélemy Hadot. 3 volumes in-12. 1820. 7 f. 50 c.

RINALDO Rinaldini, chef de brigands; seconde édition. 2 vol. in-18. fig. 1816. 2 f. 50 c.

ROBINSON (le) du faubourg Saint-Antoine, ou Aventures du général Rossignol et de son secrétaire déportés en Afrique; seconde édition. 4 vol. in-12. avec fig. et cartes. 1818. 10 f.

ROBERTINE, par l'auteur d'Isidore, ou le Tombeau de Delphine. 3 vol. in-12. 1815. 7 f. 50 c.

RODOLPHE et Marie, ou la Société secrète; trad. de l'allemand d'Auguste Lafontaine, par mademoiselle Dudrézéne. 4 vol. in-12. 1820. 10 f.

ROLANDO Murone, traduit de l'anglais, par Alexandre Henri. 2 vol. in-12. 1822. 5 f.

ROMALINO, ou les Mystères du château de Monte-Rosso; par Dourille. 2 vol. in-12. 1821. 5 f.

RONSEVAL, ou l'Oncle supposé; par madame Winter. 2 vol. in-12. 1818. 4 f.

ROSAURE, ou l'Arrêt du Destin; trad. de l'allemand d'Auguste Lafontaine, par madame la comtesse de M***. 3 vol. in-12. 1818. 7 f. 50 c.

ROSE Mulgrave, par madame Adel. de Cueüllet, auteur du Voile, etc. Seconde édition. 4 vol. in-12. fig. 1822. 10 f.

ROUE (la) de Fortune, ou l'Héritière de Beauchamp; trad. de l'anglais de Fielding, par le traducteur de la Prison d'Édimbourg. 3 vol. in-12. 1819. 7 f. 50 c.

RUINES (les) d'un vieux Château de la Haute-Saxe, ou Géras et Ferdinand de Mondonedo; par madame Bournon Malarme. 3 volumes in-12. 1821. 7 f. 50 c.

SABINA d'Herfeld, ou les Dangers de l'Imagination; par Saint-Cyr, quatrième édition, 2 vol. in-12. 1814. 4 f.

SAINT-LÉON, ou la Suite d'un Bal masqué, par Marys. 3 vol. in-12. 1822. 7 f. 50 c.

SAPHORINE, ou l'Aventurière du faubourg Saint-Antoine; par Merville, auteur de la Famille Clinet. 2 vol. in-12. 1820. 5 f.

SCHETLANDAIS (les), traduits de l'anglais, par le traducteur des romans de Walter-Scott. 2 vol. in-12. 1822. 5 f.

SECRETS (les) du Cœur, ou le Cercle du château d'Eglantine; par madame de Renneville. 3 vol. in-12. 1817. 6 f.

SOIRÉES (les) de Famille; Contes, Nouvelles, Anecdotes, etc. 3 vol. in-12. 1817. 6 f.

SECRET (le) de la jeune Fille, par l'auteur d'Alphonse de Coucy. 4 vol. in-12. fig. 1821. 10 f.

SERF (le) du quinzième siècle, par Dinocourt. 4 vol. in-12. figures, 1822. 10 f.

SIX Nouvelles, par Joseph C. M. auteur du Récit de l'évasion d'un officier pris à Quiberon. 3 vol. in-12. 1816. 7 f. 50 c.

SMARRA, ou les Démons de la nuit, par Charles Nodier; seconde édition. 1 volume in-12. 1822. 2 f. 50 c.

SOLITAIRES (les) de la Montagne, ou le Fils perdu et retrouvé; par C. Houtteville. 2 vol. in-12. Paris, 1817. 4 f.

SOLLICITUDE (la) Paternelle, ou Mémoires de la famille Dalmamville. 4 vol. in-12. 1819. 10 f.

SOPHIE, ou l'Enfant volé, par l'auteur du Marchand forain, de la Roche du Diable, etc. 2 vol. in-12. 1822. 5 f.

SOURDE (la) et Muette, ou la Famille d'Ortemberg; par madame Bournon Malarme. 3 vol. in-12. 1820. 7 f. 50 c.

SOUVENIRS du comte Regnaud de Saint-Jean-d'Angely. 2 vol. in-12. fig. 1817. 5 f.

STRATHALLAN, trad. de l'anglais de miss Alicia Lefanu. 5 vol. in-12. 1819. 10 f.

STANISLAS, roi de Pologne; par madame de Renneville. 3 vol. in-12. portr. 1817. 7 f. 50 c.

SUCCESSION (la) et l'Héritière, ou l'Oncle et le Neveu, par l'auteur du Marchand forain, de la Roche du diable, etc. 2 vol. in-12. 1822. 5 f.

SYLVIUS et Valéria, ou le Pouvoir de l'Amour; trad. de l'allemand d'Auguste Lafontaine. 2 vol. in-12. 1819. 4 f.

TEMPLIER (le), le Juif et l'Arabe; par l'auteur d'Oppression et Révolte. 3 vol. in-12. 1818. 7 f. 50 c.

THÉRÈSE de Volmar, ou l'Orpheline de Genève. 3 vol. in-12. fig. 1821. 8 f.

TOILETTE (ma), Manuscrit dérobé à une vieille Femme; suivie de quatre Nouvelles, par madame ***. 2 vol. in-12. 1819. 5 f.

TOMBEAU (le), par Anne Radcliffe; trad. de l'anglais, par Chaussier et Bizet. 2 vol. in-12. fig. 1821. 5 f.

TORRENT (le) des Passions, ou les Dangers de la Galanterie. 2 vol. in-12. fig. 1818. 5 f.

TOUR (la) du Bog, ou la Sévérité paternelle; par l'auteur de la Roche du Diable. 4 vol. in-12. 1820. 10 f.

TROIS (les) Bibles, ou Lucie et Maria; traduit de l'anglais de mistriss Parson's, par Mayeur. 3 vol. in-12. 1817. 6 f.

TROIS (les) Moines, par M. De Faverolles. 2 vol. in-18. fig. 1820. 2 f. 50 c.

TROIS (les) Romans, ou Contes d'aujourd'hui; trad. de l'anglais de mistress Isaacs, par le traducteur de l'Orpheline du Presbytère. 4 vol. in-12. 1817. 9 f.

UN TOUR en Espagne, ou Mémoires d'un Soldat fait prisonnier à la bataille de Baylen; par Quantin, auteur du Pâtre Tyrolien. 2 vol. in-12. figures, 1820. 5 f.

VALET (le) par Circonstance, par l'auteur de la Roche du Diable, etc. 4 vol. in-12. 1817. 9 f.

VALLON (le) Fortuné, ou Rasselas et Dinarbas; trad. de l'anglais. 3 vol. in-12. 1817. 6 f.

VEILLÉES (les) des Antilles, par madame *Desbordes-Valmore*. 2 vol. in-12. fig. 1821. 5 f.

VEILLÉES (les) d'une captive. 2 vol. in-12. ornés de 3 jolies figures, 1818. 5 f.

VEILLÉES d'une Solitaire de la Chaussée d'Antin, par madame d'*Avot*; seconde édition 2 volumes in-12. 1822. 6 f.

VELVILLE et Juliette, ou les Étourderies d'une jolie Femme; par l'auteur de Rose et Mérival, 3 vol. in-12. 1817. 6 f.

VICE et Vertu, ou l'Heureuse Séduction; par madame la comtesse *de Nardouet*. 4 vol. in-12. fig. 1820. 10 f.

VIE et Amours du chevalier de Faublas, par *Louvet de Couvray*. 4 vol. in-12. 1819. 10 f.

VIE et Amours du chevalier de Faublas, par *Louvet de Couvray*. 8 vol. in-18. figures. *Paris*, 1820. 8 f.

VIE et Amours de Marion de Lorme, par M. *de Faverolles*. 4 vol. in-12. 1822. 10 f.

VIEILLE (la) Fille, par madame *S. P.*, auteur du Prêtre. 2 vol. in-12. 1821. 5 f.

ZULOÉ, ou la Religieuse reine, épouse et mère sans être coupable. 3 vol. in-12. 1816. 6 f.

AUTRES ROMANS.

ABEILARD (l') supposé, ou le Sentiment à l'épreuve; par madame *Beauharnais*. 1 vol in-12. 2 f.

ACHILLE, fils de Roberville, ou le jeune Homme sans projets. 2 vol in-12. 4 f.

ADALBERT et Mélanie. 2 vol. in-12. fig. 4 f.

ADÈLE et Joséphine, ou les deux Amies bordelaises, par *Ducray*. 2 vol. in-12. fig. 4 f.

ADÈLE et Sophie, ou les deux Amies. 2 vol. in-12. fig. 4 f.

AFFINITÉS (les) électives, trad. de l'allemand de Goëthe. 3 vol. in-12. 6 f.

ALMANZOR, ou le Soldat du Liban; par *le Jeune*. 3 vol. in-12. 6 f.

ALPHONSE de Beauval, ou les quinze Chapitres; par le traducteur de Raymond. 2 vol. in-12. 5 f.

ALPHONSE d'Inange, ou le Nouveau Grandisson. 4 vol. in-12. 6 f.

ALPHONSO, ou le jeune Espagnol, par *Bancet*. 2 vol. in-12. fig. 4 f.

AMANS (les) d'autrefois, par madame la comtesse de *B****. 3 vol. in-12. 6 f.

AMBROSINA, ou l'Otage par représailles; par *Carpentier*. 2 vol. in-12. 5 f.

AMÉLIE Mansfield, par madame *Cottin*. 3 vol. in-12. 6 f.

AMÉLIE de Saint-Far, ou la Fatale Erreur, par l'auteur de Julie ou J'ai sauvé ma Rose. 2 vol. in-12. 5 f.

AMENAIS, ou Malheur et Vertu; par *Jules de Castellanne*. 2 vol. in-12. fig. 4 f.

AMOUR (l') ou le Crime, ou quelques Journées anglaises; par *Grétry*. 2 vol. in-12. 4 f.

AMOURS (les) de Zémédare et Carina. 2 vol. in-12. fig. 4 f.

AMUSEMENS des Eaux de Passy, par *Lasolle*. 3 vol. in-12. 6 f.

AMUSEMENS du jour, ou Recueil de Contes, par madame de *Mortemart*. 1 vol. in-12. fig. 2 f.

ANCELINA, ou le Délire des Passions. 1 vol. in-18. fig. 1 f. 25 c.

ANECDOTES sur madame la comtesse du Barri. 1 vol. in-12. 2 f.

ANNEAU (l') de Salomon, par *de La Salle*. 4 vol. in-12. 8 f.

ARNOLD et la belle Musulmane, par *Jenks*; traduit de l'anglais par *Soulès*. 2 vol. in-12. 4 f.

ARUNDEL, par *Cumberland*; traduit de l'anglais par *Ducos*. 2 vol. in-12. fig. 5 f.

ARUNDEL et Henriette, ou les Aventures de deux Orphelins; suivies de Montford, ou le Danger des Voyages; traduit de l'anglais par *Christophe*. 1 vol. in-12. fig. 2 f.

AVADORO, Histoire espagnole. 4 vol. in-12. 10 f.

AVENTURES (les) d'Abdala, ou son Voyage à l'île de Borico; traduit de l'arabe. 2 gros vol. in-12. fig. 4 f.

AVENTURES de Roderik-Random, traduites de l'anglais de *Fielding*. 2 vol. in-12. 4 f.

AVEUX (les) d'une femme galante. 1 vol. in-12. 2 f.

AZÉMOR, ou Tableau des Mœurs et Coutumes du pays de Solimir. 2 vol. in-12. 4 f.

BARON (le) de Las-Casas, suivi du Philosophe comme il y en a tant. 1 vol. in-12. 2 f. 50 c.

BARONNE (la) de Merville, ou les Erreurs de l'Amour; par *Perrin*. 4 vol. in-12. fig. 9 f.

BARTHÈLE, ou encore une Victime de la Jalousie; par *Duronceray*. 2 vol. in-12. 4 f.

BATEMAN, traduit de l'anglais de *Mistriss Bennet*, par *Durand*. 3 vol. in-12. 6 f.

BELLE (la) Catherine, ou la Blanchisseuse de Neuilly. 1 vol. in-12. fig. 2 f. 50 c.

BENNO d'Elzembourg, ou la Succession de Toscane; traduit de l'allemand par *Duperche*. 4 vol. in-12. fig. 9 f.

BETZY, ou l'Amour comme il est. Seconde édition. 1 vol. in-18. 1 f.

BLANCHE de Rembrun, ou un Roman de plus; par *Victor Regnault*. 2 vol. in-12. fig. 4 f.

BRIDGETINA, ou les Philosophes modernes; traduit de l'anglais. 4 vol. in-12. fig. 9 f.

BUSIRIS, ou le Nouveau Télémaque; par *Quesné*. 2 vol. in-12. 3 f.

CAPITAINE (le) Subtle, ou l'Intrigue dévoilée; traduit de l'anglais par madame la baronne *Duplessy*. 4 vol. in-12. 8 f.

CAROLINE de Montmorenci, traduit de l'anglais par *Moreau*. 1 vol. in-12. fig. 2 f. 50 c.

CÉLESTE Paléologue, roman historique; traduit par *Demaimieux*. 4 vol. in-12. 8 f.

CÉLIDE, ou Histoire de la marquise de Bliville. 2 vol. in-12. fig. 4 f.

CENT (les) Nouvelles, par madame *de Gomez*. 20 vol. petit in-12. 30 f.

CHARLES et Amélia, ou la Perfidie anglaise. 2 vol. in-12. fig. 4 f.

CHARLES et Emma, ou les Amis d'enfance; traduit de l'allemand d'*Auguste Lafontaine*. 2 volumes in-12. 5 f.

CHARLES la Houssaye, fils de Cartouche; par *Ducray*. 2 vol. in-12. fig. 5 f.

CHARLES, ou Mémoires de la Bussière, par *Liénart*. 4 vol. in-12. fig. 0 f.

CHARMANSAGE, ou Mémoires d'un jeune Citoyen, par l'auteur de l'Aventurier François. 4 volumes in-12. 8 f.

CHATEAU (le) de Sindall, ou le Faux Ami. 2 vol. in-12. 4 f.

CHEVALIER (le) de Blamon, ou quelques Folies de ma jeunesse. 3 vol. in-12. fig. 7 f. 50 c.

FAMILLE (la) de Neubeck, trad. de l'allemand. 1 vol. in-12. 2 f.

FAMILLE (la) Saint-Julien, ou le Faussaire anglais. 4 vol. in-12. 9 f.

FAMILLE (la) solitaire, ou le contraste; par *Chatel*. 2 vol. in-12. 4 f.

FANNY, ou Mémoires d'une jeune Orpheline et de ses Bienfaiteurs; trad. de l'anglais de miss *Edgeworth*. 4 vol. in-12. 8 f.

FANTOME (le) de Nembrod-Castle, par madame *de Saint-Venant*. 2 vol. in-12. 5 f.

FEDARETTA, traduit de l'anglais. 2 vol. in-12. fig. 5 f.

FÉLICIE de Vilmard, par *Blanchard*. 3 vol. in-12. fig. 6 f.

FEMME (la) auteur, ou les Inconvéniens de la célébrité; par madame *Dufrénoy*. 2 vol. in-12. 5 f.

FEMME (la) grenadier, nouvelle historique, par l'auteur des Dangers de la Coquetterie. 1 vol. in-12. fig. 2 f.

FERVAL, ou le Gentilhomme rémouleur; par *Bouvet*. 1 vol. in-12. fig. 2 f. 50 c.

FILS (le) d'Ethelwolf, par l'auteur d'Alan Fitz-Osborne. 2 vol. in-12. 4 f.

FILS (le) perverti par son Père, traduit de l'anglais par *Bertin*. 4 vol. in-12. fig. 8 f.

FIORELLA, ou l'Influence du Cotillon; par *Lamartellière*. 4 vol. in-12. 8 f.

FLEETWOOD, trad. de l'anglais par *Villeterque*. 3 vol. in-12. 6 f.

FOLIE et Jeunesse, ou Aventures d'un jeune Militaire. 2 vol. in-12. fig. 3 f.

FRÉDÉRIC et Guéréhard, duc de Loraine, par *Varez*. 2 vol. in-12. fig. 4 f.

FUREURS (les) de l'Amour, traduit de l'anglais par *Bertin*. 2 vol. in-12. fig. 4 f.

GALERIE anglaise, ou Tableau d'une famille, trad. de l'anglais. 3 vol. in-12. 6 f.

GALERIE des Suicides, trad. de l'allemand par *Pott*. 2 vol. in-12. 4 f.

GENEVIÈVE et Siffrid. 2 vol. in-12. 4 f.

GEORGINA, histoire véritable; par l'auteur de Cécilia, trad. de l'anglais. 4 parties in-12. 6 f.

GONZALVE de Cordoue, par *Florian*. 2 volumes in-12. 3 f.

GROTTES (les) de Chartres, ou Clémentine; par l'auteur d'Amour et Scrupule. 2 vol. in-12. 4 f.

GROTTE (la) de Westbury, ou Mathilde et Valcourt; trad. de l'anglais par madame de *Cérenville*. 2 vol. in-12. 4 f.

HABITANTE (l') des Ruines, ou l'Apparition du Dominicain; par l'auteur des Prisonniers de la Montagne. 3 vol. in-12. 6 f.

HECTOR Martin. 2 vol. in-12. fig. 3 f.

HÉLOISE et Abeilard, ou les Victimes de l'Amour; par *Loaisel Théogate*. 3 vol. in-12. 6 f.

HENRIETTE du Corstendfeld. 3 vol. in-12. fig. 6 f.

HERMAN d'Unna, ou Aventures arrivées au commencement du quinzième siècle, trad. de l'allemand par *Etienne de Bock*. 2 vol. in-12. fig. 4 f.

HERMANN et Ulrique, trad. de l'allemand. 2 vol. in-12. fig. 4 f.

HERMIONE, ou Journal de deux Orphelines, trad. de l'anglais. 4 vol. in-12. fig. 8 f.

HÉROISME (l') de l'Amour, par madame *de Renneville*. 2 vol. in-12. fig. 5 f.

HEYDER, Azéma, Typoo-Zaèb, trad. par *Fantin Desodoards*. 3 vol. in-12. 6 f.

HISTOIRE d'Agathon, par *Wieland*. 3 volumes in-12. 6 f.

HISTOIRE de lady Barton, par madame *Griffith*, trad. de l'anglais. 2 vol. in-12. 4 f.

HISTOIRE (l'), ou les Aventures de Joseph Andrews; trad. de l'anglais de *Fielding*, par *Lunier*. 2 vol. in-12. 4 f.

HISTOIRE du sage Danischmed, trad. de l'allemand de *Wieland*. 2 vol. in-12. fig. 4 f.

HISTOIRE des Campagnes de Maria, ou Épisodes de la Vie d'une jolie Femme; par *Rétif de la Bretonne*. 3 vol. in-12. 6 f.

HISTOIRE de la famille Jennemours. 2 volumes in-12. 4 f.

HISTOIRE de miss Julie Greville, trad. de l'anglais. 3 vol. in-12. 6 f.

HISTOIRE du Naufrage et de la Captivité de M. Brisson. 1 vol. in-12. fig. 1 f. 50 c.

HISTOIRE des Passions, ou Aventures du chevalier Shroop; trad. de l'anglais. 2 parties en 1 volume in-12. 2 f.

HISTOIRE et Aventures de sir Williams Pickle, trad. de l'anglais. 4 vol. in-12. 8 f.

HISTOIRE de Pugatschew, par *Adélaïde Hordé*. 2 vol. in-12. 4 f.

HISTOIRE du Temps, ou les Mœurs écossaises; trad. de l'anglais. 3 vol. in-12. fig. 6 f.

HISTOIRE de Vittoria Accorambona, duchesse de Bracciano, avec la Vie de madame de Hautefort, duchesse de Schombéry. Seconde édition. 1 vol. in-12. 1 f. 50 c.

HUBERT de Sévrac, ou Histoire d'un Émigré; trad. de l'anglais, par *Cantwel*. 3 vol. in-12. 6 f.

HOMME (l') au Masque de fer, par *Regnault de Warin*. Quatrième édition. 4 volumes in-12. portrait. 10 f.

HOMME (l') sauvage, par *Mercier*. 1 volume in-12. 1 f. 50 c.

HOMME (l') sorti du Sépulcre, par *Taboureau de Montigny*. 1 vol. in-12. fig. 2 f.

HORTENCIA, ou le Cri du Remords et de la Nature; par *Galimard*. 1 vol. in-12. 2 f.

ILE (l') de Wight, ou Charles et Angélina. 2 vol. in-12. fig. 4 f.

IMIRCE, ou la Fille de la Nature. 1 vol. in-12. 2 f.

ILDEGERTE, ou l'Héroïne de Norvége; trad. de l'allemand de *Kotzebue*; par *Petit*. 2 volumes in-12. 4 f.

INDOUS (l'), ou la Fille aux deux Pères; par *Brés*. 6 vol. in-12. fig. 12 f.

INFORTUNÉ (l') Napolitain, ou les Aventures de Rozelli. 4 vol. in-12. fig. 8 f.

INFORTUNES (les) de la marquise de B***, ou la Vertu malheureuse. 2 vol. in-12. 4 f.

INFORTUNES (les) de la Galetierre, par *Rosny*. Troisième édition. 1 vol. in-12. fig. 2 f.

IOLANDA Fitzalton, ou les Malheurs d'une jeune Irlandaise. 3 vol. in-12. 6 f.

ISABELLA et Henri, trad. de l'anglais par *Cantwel*. 4 vol. in-18. fig. 3 f.

ISAURE et Elvire, par mad. *Guénard*. 3 vol. in-12. fig.   6 f.

ISRAÉLITES (les) modernes, ou Aventures des deux frères Daroca ; par *Hacohen*. 2 vol. in-12. 4 f.

JEANNETTE II, ou la nouvelle Paysanne parvenue ; par *de la Bataille*. 3 vol. in-12   4 f. 50 c.

JENISKA, ou l'Orpheline russe, par M. *M****, ancien officier de cavalerie. 2 vol. in-12.   3 f.

JENNY, ou Seize ans d'Infortune, précédée d'Angeline et d'Ernance. 1 vol. in-12. fig.   2 f.

JEUNE (le) Loys, prince des Francs, ou Malheur d'une auguste Famille ; par mad. *Gottis*. Seconde édition. 4 vol. in-12.   8 f.

JEUX (les) de la Fortune. 1 vol. in-12.   2 f.

JEUX (les) Caprices et Bizarrerie de la Nature ; par l'auteur de ma Tante Geneviève. 3 vol. in-12. 6 f.

JULIE, ou le Dévouement filial récompensé ; par *Debois-Préaux*. 2 vol. in-12. fig.   4 f.

JULIE de Grammont, traduit de l'anglais. 2 vol. in-12.   4 f.

JULIE, ou J'ai sauvé ma Rose ; par madame de C***. Nouvelle édition. 2 vol. in-12.   5 f.

JULIE de Merlval, ou les Souterrains du Schnidt Berg. 2 vol. in-12. fig.   4 f.

LATIMORE, ou le plus Infortuné des Hommes au sein de l'opulence et des grandeurs, trad. de l'anglais ; par *Martin*. 3 vol. in-12.   6 f.

LEONORA, trad. de l'anglais de miss *Edgeworth*. 3 vol. in-12.   7 f. 50 c.

LÉOPOLD de Circé, ou les Effets de l'Athéisme ; par M. de Saint-Venant. 2 vol. in-12. fig.   5 f.

LETTRES d'amour d'une Religieuse portugaise. 2 vol. in-12.   4 f.

LETTRES d'Élisabeth-Sophie de Vallière à Louise-Hortense de Canteleu, son amie ; par mad. *Riccoboni*. 2 vol. in-12.   4 f.

LETTRES originales de madame la comtesse Dubarry, avec celles des princes, ministres, etc. 1 vol. in-12.   1 f. 50 c.

LETTRES d'Hortense de Valsin à Eugénie de Saint-Firmin. 2 vol. in-12.   4 f.

LETTRES de mylord Rivers à sir Charles Cardigan ; par madame *Riccoboni*. 2 vol. in-12.   4 f.

LETTRES d'Osman. Nouvelle édition. 1 volume in-12.   1 f. 50 c.

LETTRES russes, publiées par M. *de Selves*. 1 vol. in-12.   2 f.

LORD (le) imprompta ; trad. de l'anglais. 2 volumes in-12.   4 f.

LORIMON, ou l'Homme tel qu'il est ; par *d'Arnaud*. 3 vol. in-12. fig.   6 f.

LUCILE, ou les Progrès de la Vertu. 1 volume in-12.   2 f.

LUDOLFF d'Assen, ou l'Enthousiaste corrigé ; par *Bilderbeck*. 3 vol. in-12.   6 f.

MAITRE Pierre, ou Jeunesse et Folie ; histoire plus que véritable. 3 gros vol. in-12.   6 f.

MALHEUR (les) de l'inconstance, ou Lettres de la marquise de Syrcé et du comte de Mirbelle ; par *Dorat*. 2 vol. in-12.   3 f.

MALVINA, par madame *Cottin*. 3 vol. in-12. 6 f.

MARIA, ou la jeune Musulmane ; par *Perrin*. 1 vol. in-12.   2 f.

MARIE de Brabant, reine de France, ou le Calomniateur ; par *Maugenet*. 2 vol. in-12.   4 f.

MARIE de Valmont, par madame *de Gottis*. 1 vol. in-12.   2 f.

MARMOTTE (la) philosophe, ou la Philosophie en domino ; précédée des Amours magiques, et suivie de la Nouvelle Folle anglaise, etc. ; par madame *Fanny de Beauharnais*. 3 vol. in-12.   6 f.

MARQUISE (la) de Gange, par le marquis de *Sade*. 2 vol. in-12.   4 f.

MASQUE (le) de Fer, ou les Aventures admirables du Père et du Fils. 3 vol. in-12.   4 f. 50 c.

MATHILDE, ou Mémoires tirés de l'Histoire des Croisades ; par madame *Cottin*. 4 vol. in-12. 8 f.

MATINÉES (les), nouvelles Anecdotes ; par *Darnaud*. 3 vol. in-12.   6 f.

MÉLANIE et Félicité, ou la différence des caractères ; par *Lemaire*. 2 vol. in-12. fig.   4 f.

MÉMOIRES de Cécile, écrits par elle-même, et revus par *Delaplace*. 2 vol. in-12.   4 f.

MÉMOIRES historiques de madame la comtesse Dubarry, par M. de *Faverolles*. 4 v. in-12. portr. 8 f.

MÉMOIRES et Aventures d'un Homme de qualité, qui s'est retiré du Monde. 3 vol. in-12.   6 f.

MÉMOIRES du marquis de Solanges ; seconde édit. 2 vol. in-12.   4 f.

MÉMOIRES de miss Séraphie de Gange. 2 volumes in-12. fig.   4 f.

MÉMOIRES de mademoiselle de Sternheim, publiés par *Wieland* ; traduits de l'allemand. 2 volumes in-12.   4 f.

MÉMOIRES de François, baron de Trenck ; trad. de l'italien. 2 vol. in-12.   4 f.

MÉMOIRES turcs, ou Histoire galante de deux Turcs. 2 vol. in-12.   4 f.

MÉMOIRES sur les Turcs et les Tartares, par le baron de *Tott*. 3 vol. in-12.   6 f.

MÉMOIRES d'un Vieillard de vingt-cinq ans, par de *Rochemond*. 5 vol. in-12.   10 f.

MÈRE (la) intrigante ; trad. de l'anglais, de mistriss *Edgeworth*. 2 vol. in-12.   4 f.

MES ÉCARTS, ou le Fou qui vend la sagesse ; par *Coffin-Rony*. 3 vol. in-12. fig.   6 f.

MINUIT, ou les Aventures de Paul de Mirbon ; par l'auteur de Sophie de Beauregard. 1 volume in-12. fig.   2 f.

MOELIOSA, ou l'héroïsme de la reconnaissance ; par *Marie de Courchamps*. 2 vol. in-12.   4 f.

MŒURS (les) du temps, ou Mémoires de Rosalie Terval ; par *Nougaret*. 4 vol. in-12. fig.   8 f.

MONDE (le) moral, ou Mémoires pour servir à l'Histoire du Cœur humain. 2 vol. in-12.   4 f.

MON HABIT mordoré, ou Joseph et son Maître ; par *Kératry*. 2 vol. in-12.   4 f.

MON ONCLE Rigobert, ou l'Homme résolu ; par *Demontivillers*. 2 vol. in-12. fig.   4 f.

MONSIEUR Gelin, ou les effets de l'envie et de la médisance ; par l'auteur du Marchand forain. 4 vol. in-12. fig.   8 f.

MONSIEUR Grimouche, ou Talens et Misère ; par l'auteur du Nouveau Vadé. 2 vol. in-12.   4 f.

MONSIEUR de la Poulinière, ou Mémoires d'un Mari comme il y en a tant. 3 vol. in-12.   6 f.

MULATRE (la) comme il y en a beaucoup de blanches. 2 vol. in-12.   4 f.

NANINE de Manchester, par madame *Lefebvre-Marchand*. 3 vol. in-12. fig.   6 f.

NATALIE de Bellozane, ou le Testament. 2 vol. in-12. 4 f.

NATHALIE et Zulmée, ou les caractères opposés. 2 vol. in-12. 4 f.

NÉCROMANCIEN (le), ou le Prince à Venise; trad. de l'allemand, de *Schiller;* par madame la baronne de *Montolieu.* 2 vol. in-12. 5 f.

NÉILA, ou les Sermens; par *Salverte.* 2 volumes in-12. 4 f.

NERAIR et Melhoë. 2 vol. in-12. 4 f.

NŒUDS (les) enchantés, ou la bizarrerie des destinées. 1 vol. in-12. 2 f.

NOUVEL (le) Habitant de la Chine; trad. de l'anglais. 4 vol. in-12. fig. 8 f.

NOUVELLE (la) Astrée, ou les Aventures romantiques du temps passé; par *Masson.* 2 volumes in-12. fig. 4 f.

NOUVELLE (la) Clarisse, par madame *Leprince de Beaumont.* 2 vol. in-12. 4 f.

NOUVELLES espagnoles; trad. de divers auteurs, par *Dussieux.* 2 vol. in-12. 4 f.

NOUVELLES (quatre): Lismor, ou le Ménestrel écossais; Théresa, ou la Péruvienne; Lycoris, ou les Enchantemens de Thessalie; et Stéphanos; par *Durdent.* 2 vol. in-12. 5 f.

NOUVELLE (la) Lune, ou Histoire de Pocquillon. 2 vol. in-12. 3 f.

ODISCO et Félicie, ou la Colonie des Florides, par *Vernes.* 2 vol. in-12. fig. 4 f.

ŒUVRES de Darnaud, contenant les Épreuves du Sentiment, les Époux malheureux, et les Nouvelles historiques. 11 gros vol. in-12. 22 f.

OFFICIER (l') à la demi-paye; trad. de l'anglais, par *Lussy.* 2 vol. in-12. fig. 4 f.

OLIVIA Rutland, ou le Mariage inattendu; trad. de l'anglais. 2 vol. in-12. 3 f.

ONCLE, Nièce et Neveu. 2 vol. in-12. 4 f.

ORFEUIL et Juliette, ou le Réveil des illusions; par l'auteur d'Eugénio et Virginia. 3 volumes in-12. 6 f.

PALMÉNOR, ou la Magie naturelle; histoire orientale. 2 vol. in-12. 3 f.

PALMIRE, ou le Triomphe de l'Amour conjugal; par madame *Ferrand.* 4 vol. in-12. fig. 9 f.

PAMÉLA (la) française, ou Lettres d'une jeune Paysanne et d'un jeune Ci-devant; par *le Suire.* 4 vol. in-12. fig. 8 f.

PAMÉLA, ou la Vertu récompensée; trad. de l'anglais, de Richardson; par l'abbé Prevost. 12 vol. in-18. 12 f.

— LE MÊME OUVRAGE. 12 volumes in-18. ornés de 12 fig. 15 f.

PAOLA, par madame de *Choiseuil-Meuse.* 4 vol. in-12. 9 f.

PARISIEN (le), ou les Illusions de la jeunesse; par *Paccard.* 3 vol. in-12. 7 f. 50 c.

PAUVRE (la) Orpheline, ou la force des Préjugés. 2 vol. in-12. fig. 4 f.

PAYSAN (le) parvenu, par *Marivaux.* 3 volumes in-12. 6 f.

PAYSANNE (la) pervertie, ou les Dangers de la ville. 4 vol. in-12. fig. 8 f.

PEINTRE (le) de Saltzbourg, ou Journal des émotions d'un cœur souffrant; par *Charles Nodier.* 1 vol. in-12. fig. 2 f.

PÈRE (le) Lablache et son fils. 3 vol. in-12. 6 f.

PEUT-ON s'en douter, ou Histoire véritable de deux familles de Norwich, par madame *Bournon-Malarme.* 2 vol. in-12. 4 f.

PHILIBERT, ou les Amis d'enfance; traduit de l'allemand de *Kotzebue.* 2 vol. in-12. 4 f.

PHILOSOPHE (le) anglais, ou Histoire de Cleveland, fils naturel de Cromwel; traduit de l'anglais, par l'abbé *Prevost.* 8 vol. in-12. 8 f.

PIED (le) de Fanchette, ou le Soulier couleur de rose. 2 vol. in-12. fig. 3 f.

PIERRE de Bogis et Blanche de Gerbaut, par madame *Élisabeth de Bon.* 1 vol. in-12. fig. 2 f.

PLUS Vrai que Vraisemblable, ou le Château de Misseri, par madame *Bournon-Malarme.* 3 vol. in-12. 7 f. 50 c.

POLIXÈNE et Astérie. 2 vol. in-12. fig. 4 f.

POLONAIS (le), traduit de l'anglais de *Miss Porter.* 3 vol. in-12. fig. 7 f. 50 c.

PORTEFEUILLE (le), ou Historiettes de la Famille de ***. 2 vol. in-12. 4 f.

PRINCESSE (la) de Chypre, par *Ursula Scheulterie.* 5 vol. in-12. 10 f.

PRINCESSE (la) de Clèves. 2 vol. in-12. 4 f.

PRINCESSE (la) de Nevers, ou Mémoires du sire de la Touraille, par le baron *de Saint-Cyr;* seconde édition. 2 vol. in-12. 4 f.

PRISONNIÈRES (les) de la Montagne, ou la Chapelle abandonnée, par l'auteur du Fantôme blanc. 4 vol. in-12. 8 f.

PROMENADES (les) champêtres, traduit de l'anglais de *Charlotte Smith.* 3 vol. in-12. fig. 6 f.

PROSCRITS (les), par *Charles Nodier.* 1 vol. in-12. fig. 2 f.

PROSPERO, ou le Renégat de Palerme, par *Durdent.* 2 vol. in-12. 4 f.

RECONNOISSANCE et Repentir, par *Brès,* auteur de l'Indous. 2 vol. in-12. fig. 3 f. 50 c.

RÉCRÉATIONS (les) de la Toilette; Histoires, Anecdotes, Aventures, etc. 2 gros vol. in-12. 4 f.

ROCHER (le) des Amours, ou le Parjure puni, par l'auteur d'Armand et Angéla. 3 vol. in-12. 6 f.

ROMANS héroïques ou de chevalerie, traduits de l'italien de *J. Amarin,* par MM. *de Caylus* et *de Séré.* 4 vol. in-12. 8 f.

ROMANS du Nord, par *Henri de Coiffier.* 3 vol. in-12. 6 f.

ROMAN (le) tragique, ou les Suites de la Séduction, par *Rougemaitre.* 2 vol. in-12. fig. 4 f.

ROSEBELLE, Historiette du treizième siècle, par *Dammartin.* 1 vol. in-12. fig. 2 f.

ROSE Summers, ou les Dangers de l'Imprévoyance; traduit de l'anglais. Seconde édition. 4 vol. in-12. 8 f.

SAINVILLE et Ledoux, ou Sagesse et Folie, par l'auteur de Pauline. 3 vol. in-12. 6 f.

SAINT-FLOUR et Justine, ou Histoire d'une jeune Française du dix-huitième siècle, par *Ferrières.* 2 vol. in-12. 4 f.

SÉLIGNY, ou l'Accusé de rapt; suivi de l'Homme à la mode et du Tocsin. 1 vol. in-12. fig. 2 f.

SÉVERINE, par madame *de Beaufort d'Hautpoul.* 6 vol. in-12. 12 f.

SIDONIA, ou le Refus; traduit de l'anglais, par madame *de Viterne.* 4 vol. in-12. 9 f.

SILVESTRE, ou Mémoires d'un Centenaire, par *de Maimieux.* 4 vol. in-12. 8 f.

SIX mois d'Exil, ou les Orphelines de la révolution. 3 vol. in-12. 6 f.

SIX (les) Nouvelles, par *Fiévée,* auteur de la Dot de Suzette. Deuxième édition. 2 vol. in-12. 4 f.

SOIRÉES (les) Bretonnes, ou la Famille de Kéralbon ; par l'auteur de Betzi, ou l'Infortunée Créole. 3 vol. in-12. 6 f.

SOIRÉE (une) de bonne compagnie. 1 vol in-12. 2 f.

SOIRÉE (la) d'été, traduit de l'anglais de *Lewis.* 2 vol. in-12. 4 f.

SOPHIE de Beauregard, ou le Véritable Amour. 2 vol. in-12. fig. 4 f.

SOPHIE Vatlanche. 1 vol. in-12. 2 f.

SOUPER (le) des Petits Maîtres. 2 vol. in-12. 4 f.

SOUPERS (les) de Vaucluse. 3 vol. in-12. avec musique. 6 f.

STANLEY, ou les Deux Frères, traduit de l'anglais de mistriss *Parsons ;* par *Breton.* 4 vol. in-12. 8 f.

TANCRÈDE, ou la Conquête de l'Épée de Roland, par l'auteur de Décence et Volupté. 2 vol. in-12. 4 f.

TÉLÉMAQUE (le nouveau), ou Voyages et Aventures du comte D*** et de son fils, par l'auteur des Mémoires d'une Dame de Qualité. 4 vol. in-12. 8 f.

TESTAMENT (le), traduit de l'allemand d'*Auguste Lafontaine.* 5 vol. in-12. 12 f. 50 c.

THÉODORE Sinclair, imité de l'anglais, par le traducteur de la Famille Mourtray, etc. 1 volume in-12. 2 f.

THÉOPHILE de Solincour, ou la Vertu sacrifiée. 1 vol. in-12. fig. 2 f.

THOMAS Brown, ou l'Amour de l'humanité ; traduit de l'anglais. 2 vol. in-12. 4 f.

TOUR (la) de Ségovie, ou la Destinée. 4 volumes in-12. 8 f.

TROIS (les) B***, ou Aventures et Mémoires d'un Boiteux, d'un Borgne et d'un Bossu ; par *Armand Charlemagne.* 4 vol. in-12. 8 f.

TROIS (les) Gilblas, ou cinq ans de Folie ; par *Lamartillière.* 4 vol. in-12. 8 f.

ULDARIC, ou les Effets de l'Ambition, par l'auteur d'Armand et Angella. 2 vol. in-12. 4 f.

VALLON (le) Aérien, ou Relation du Voyage d'un Aéronaute, par *Mosneron.* 1 vol. in-12. fig. 2 f.

VALMOR et Lydia, ou Voyage autour du monde de deux Amans qui se cherchoient. 3 vol. in-12. fig. 6 f.

VEILLÉES (les) Militaires, par *Couvret.* 2 vol. in-12. fig. 4 f.

VÉRITABLE (le) Ami, ou la Vie de David Simple ; traduit de l'anglais de *Fielding.* 2 vol. in-12. 4 f.

VICE (le) et la Faiblesse, ou Mémoires de deux Provinciales, par l'auteur de la Quinzaine Anglaise. 2 vol. in-12. 4 f.

VICTOR, ou l'Enfant de la Forêt, par *Ducray-Duménil.* 4 vol. in-12. 10 f.

VICTOR de Martigues, ou Suite de la Rentière, par le même auteur. 4 vol. in-12. 8 f.

VIE, Faiblesses et Repentir d'une Femme. 1 vol. in-12. 2 f.

VIE (la) et les Aventures de Ferdinand Vertamont, de son Oncle et de leurs Enfants. Seconde édition. 3 vol. in-12. 6 f.

VIE (la) de Marianne, ou les Aventures de la comtesse de ***, par *Marivaux.* 4 vol. in-12. 6 f.

VISITE (la) nocturne, traduit de l'anglais de *Maria Regina Roche,* par *Breton.* 6 vol. in-18. fig. 7 f. 50 c.

VOYAGE dans la Caverne du malheur. 2 volumes in-12. 5 f.

VOYAGE à l'Ile des Peupliers, par *Thiébaut.* 1 vol. in-12. orné de 4 jolies fig. 2 f.

WILHELMINA, ou l'Héroïsme maternel, histoire hongroise, par *Duvoisin Calas.* 2 volumes in-12. 5 f.

Wilvoll de Sottenbourg, ou le Prétendu sans Future, par *Vilers-Vermont.* 2 vol. in-12. 4 f.

ZABETH, ou la Victime de l'Ambition, par l'auteur de Sophie de Beauregard. 2 vol. in-12. fig. 4 f.

ZIRZA, Histoire orientale ; suivie du Malheureux Imaginaire. 1 vol. in-12. fig. 2 f.

ARTICLES QUE NOUS NE POUVONS FOURNIR QU'AU COMPTANT.

RÉPERTOIRE UNIVERSEL ET RAISONNÉ DE JURISPRUDENCE, par M. *Merlin,* ancien procureur général à la Cour de Cassation. Quatrième édition, corrigée, réduite aux objets dont la connaissance peut encore être utile, et augmentée, 1°. d'un grand nombre d'articles ; 2°. de notes indicatives des changemens apportés aux lois anciennes par les lois nouvelles ; 3°. de Dissertations, de Plaidoyers et de Réquisitoires de l'auteur, sur les unes et les autres. 15 gros vol. in-4. imprimés sur deux colonnes, en caractère *petit-romain,* grande justification. 220 f. p. 270 f.

Le succès des trois premières éditions du *Répertoire de Jurisprudence* et l'extrême rapidité avec laquelle elles se sont épuisées, sont une preuve incontestable du mérite de cet ouvrage, qui offre au magistrat, au jurisconsulte et au simple citoyen des notions aussi exactes qu'approfondies de toutes les matières de droit.

C'est une espèce de Dictionnaire qui, tandis qu'il sert aux uns d'indicateur, peut tenir lieu aux autres de cette immense quantité de livres de jurisprudence, dont souvent l'on parcourt à peine les tables, à la connaissance desquels la vie entière ne suffit pas, et dont la réunion, impossible par la rareté de quelques uns, est encore au-dessus des fortunes particulières.

RECUEIL ALPHABÉTIQUE DES QUESTIONS DE DROIT qui se présentent le plus fréquemment devant les tribunaux ; ouvrage dans lequel sont fondus et classés la plupart des Plaidoyers et Réquisitoires de l'auteur, avec le texte des arrêts de la Cour de cassation qui s'en sont ensuivis. Troisième et nouvelle édition, corrigée et augmentée ; par M. *Merlin,* ancien procureur-général à la Cour de cassation. 6 vol. in-4. même caractère que le Répertoire. *Paris,* 1820. 90 f. p. 108 f.

Le Recueil des Questions de droit a obtenu le plus grand succès ; cet ouvrage est indispensable aux personnes qui ont acquis ou veulent acquérir le Répertoire du même auteur, parce qu'aucun des points qui y sont traités ne s'y trouvent.

Le Répertoire de Jurisprudence et les Questions de droit sont les meilleurs et les plus utiles de tous les ouvrages de jurisprudence qui existent : ils forment ensemble un monument complet ; ils dispensent d'avoir une infinité d'autres livres, et sont une affaire d'économie pour le temps comme pour la fortune.

SUPPLÉMENT à la seconde édition des Questions de Droit en 5 vol. in-4., formant le tome 6 de cette édition. 1 vol. in-4. 1821. 17 f. p. 20 f.

PARFAIT NOTAIRE (le), ou la Science des Notaires, par *A. L. Massé*, ancien notaire à Paris, et ex-professeur de notariat à l'Académie de Législation, contenant : 1°. un Traité des fonctions des Notaires, de leurs attributions et de leurs devoirs, des solennités et des effets de leurs actes, d'après la loi du 25 ventôse an 11 sur l'organisation du notariat, des lois et décrets particuliers qui ont été rendus depuis, et les anciennes ordonnances qui peuvent encore recevoir leur application au nouveau droit ; 2°. un Traité des actes, des conventions, des contrats et des obligations en général ; 3°. des Traités particuliers sur chaque espèce de contrats ou d'actes, suivis des formules de rédaction, etc., etc ; cinquième édition, revue, corrigée et augmentée des lois, ordonnances et arrêtés de la Cour de cassation jusqu'en 1821. 3 vol. in-4. de 700 à 800 pages. *Paris*, 1821. 36 f. p. 45 f.

MANUEL DES MAIRES, de leurs Adjoints, et des Commissaires de police, contenant, par ordre alphabétique, le texte ou l'analyse des lois, ordonnances, règlemens et instructions ministérielles, relatifs à leurs fonctions et à celles des membres des conseils municipaux ; des officiers de gendarmerie, des bureaux de bienfaisance, des commissions d'hospices, etc. ; avec les formules des actes de leur compétence ; par M. *Dumont*. Septième édition, entièrement refondue et considérablement augmentée. 2 gros vol. in-8. *Paris*, 1822. 11 f. p. 13 f.

MANUEL DES JUSTICES DE PAIX, ou Traité des fonctions et des attributions des Juges de Paix, des Greffiers et Huissiers attachés à leur tribunal ; avec les formules et modèles de tous les actes qui dépendent de leur ministère ; auquel on a joint un recueil chronologique des lois, des décrets, des ordonnances du roi, et des circulaires et instructions officielles, depuis 1790 jusqu'à 1822 ; et un Extrait des cinq Codes, contenant les dispositions relatives à la compétence des justices de paix ; par M. *Levasseur*, ancien jurisconsulte. Quatrième édition, entièrement refondue, revue, corrigée et considérablement augmentée. 1 gros vol. in-8. *Paris*. 1822. 5 f. 50 c. p. 6 f. 50 c.

NOUVEAU MANUEL DES NOTAIRES, ou Traité théorique et pratique du Notariat, par MM. *J. P. J.*** et *J. B. T. A. de M***, avocats ; deuxième édition, revue, corrigée et considérablement augmentée. 1 gros vol. in-8. de 900 a 1000 pages. 8 f. p. 10. f.

BIOGRAPHIE NOUVELLE DES CONTEMPORAINS, ou Dictionnaire historique et raisonné des personnages qui ont acquis de la célébrité, depuis 1789 jusqu'à nos jours ; par MM. *Arnault, Jouy, Jay*, etc. 8 vol. in-8. Prix de chaque vol. 8 f. p. 9 f.

DICTIONNAIRE HISTORIQUE, PHILOSOPHIQUE ET CRITIQUE, Abrégé de Bayle et des grands Dictionnaires biographiques qui ont paru jusqu'à ce jour ; par *Ladvocat*. Nouvelle édition, revue et augmentée. 6 gros vol. in-8. Prix par volume pour les souscripteurs. 6 f. p. 7 f. 50 c.

— Papier vélin. 12 f. p. 15 f.

Les quatre premiers volumes paraissent et vont jusqu'à la lettre S. Le cinquième sera mis en vente en septembre. Le sixième et dernier volume qui renfermera un Catalogue ou Bibliographie avec les prix des ventes de toutes les bonnes éditions, connues depuis la découverte de l'imprimerie, sera publié en octobre.

CHRONIQUE DES ÉVÉNEMENS POLITIQUES, civils, militaires, religieux, philosophiques, superstitieux, etc., de tous les peuples ; Histoire impartiale et anecdotique, depuis l'ère chrétienne jusqu'en 1823. Ouvrage rédigé d'après celui de l'abbé *Lenglet-Dufresnoy*, augmenté de toutes les omissions faites par cet auteur ; contenant plus de seize mille articles nouveaux ; toutes les Sectes anciennes et modernes ; des Anecdotes curieuses sur l'histoire, sur la religion et sur la philosophie ; les Traités de paix et Conventions depuis le quinzième siècle ; et enfin une Chronique circonstanciée des événemens de la révolution française : orné de onze cents portraits en médaillons ; par *L. Prudhomme*, membre de plusieurs sociétés littéraires. 6 vol. in-8. Cet ouvrage paraîtra par volume : le prix de chaque volume, pour les personnes qui se feront inscrire jusqu'au 31 août prochain, époque de rigueur, est de 5 f. 50 c. p. 6 f. 50 c.

Le premier volume est en vente, les autres paraîtront de deux mois en deux mois. Le travail de l'auteur étant totalement terminé, aucun motif ne peut retarder l'impression de l'ouvrage. Passé le 31 août, le prix de chaque volume sera de 6 f. 50 c. p. 7 f. 50 c.

COLLECTION DES MÉMOIRES SUR L'ART DRAMATIQUE ET SUR LA REPRÉSENTATION THÉÂTRALE, par les plus célèbres comédiens de l'Europe ; publiés ou traduits avec des notes et des observations littéraires ; par *Andrieux, Étienne, Picard, Bodin, Talma*, etc., etc. 12 vol. in-8. Il paraîtra 1 vol. par mois. Prix du volume. 5 f. p. 6 f.

— Les deux premiers sont en vente.

DESCRIPTION HISTORIQUE ET CRITIQUE DES STATUES, Bas-reliefs, Inscriptions et Bustes antiques, en marbre et en bronze ; des peintures et sculptures modernes du Musée royal, d'après les dispositions commencées en 1817 par M. *Visconti*, antiquaire, et continuées par M. le comte *de Clarac* ; ornée de 950 gravures dessinées par M. *Devéria*, avec des Dissertations sur les Arts et les Antiquités ; par M. le chevalier *Alexandre Lenoir*, créateur de l'ancien Musée des Monumens françaix, aujourd'hui administrateur des Monumens de l'église royale de Saint-Denis ; suivie de l'histoire des personnages de l'antiquité. Imprimé sur papier fin avec un caractère cicéro neuf interligné, et les gravures sur papier fin double. Cet ouvrage est publié par livraison, composée de 10 à 12 gravures, avec 40 à 60 pages de texte, d'après la division de la matière. Prix de chaque livraison papier fin.

—Papier vélin double.

Cette Collection sera suivie d'un volume séparé des monumens que nous avons remis aux puissances alliées.

LETTRES DE MADAME DE SÉVIGNÉ, de sa Famille, et de ses Amis. Édition augmentée des Lettres publiées en 1814 par *Klostermann*, des notes et notices de *Grouvelle*, et des réflexions de l'abbé *du Vauxelles*; précédées d'une nouvelle Notice biographique sur madame de Sévigné, et accompagné de notes géographiques, historiques, politiques et de mœurs; par M. *Gault-de-Saint-Germain*. Cette nouvelle édition des Lettres de madame de Sévigné sera composée de 12 volumes in-8. qui se publieront par livraison de 2 volumes : la première est en vente ; les autres se succéderont de deux mois en deux mois. L'ouvrage sera entièrement terminé fin juin 1823. Prix de chaque livraison, papier fin d'Auvergne satiné. 12 f. p. 14 f.

— Papier superfin des Vosges. 15 f. p. 18 f.

— Papier carré vélin, portraits avant la lettre. 28 f. p. 32 f.

— Papier grand raisin vélin, portraits avant la lettre. 42 f. p. 48 f.

— Papier grand raisin vélin, portraits avant la lettre, tiré sur papier de Chine et les eaux-fortes. 52 f. p. 60 f.

MÉMOIRES DE MADAME LA MARQUISE DE LAROCHE-JACQUELIN, écrits par elle-même. Cinquième édition, revue, corrigée avec soin et augmentée de plusieurs pièces, etc, 1 gros vol. in-8., beau papier, orné d'un portrait et de deux cartes coloriées. *Paris*, 1822. 6 f. p. 7 f.

— LE MÊME OUVRAGE, papier vélin satiné. 12 f. p. 14 f.

ŒUVRES COMPLÈTES DE BERNARDIN DE SAINT-PIERRE. 19 vol. in-18., ornés de jolies fig. *Paris*, 1821. 36 f. p. 45 f.

On vend séparément :

— ÉTUDES DE LA NATURE. 8 vol. in-18. figures. 13 f. p. 16 f.

OISEAUX D'AFRIQUE, par *Levaillant*. Nouvelle et magnifique édition. Cet ouvrage paraîtra par livraison; il en sera publié 2 par mois à dater du 15 août. Chaque livraison contient 6 planches imprimées en couleur. Prix de la livraison format in-folio. 20 f. p. 25.

— Format in-4. 15 f. p. 18 f.

PLANTES GRASSES DE J. REDOUTÉ, Peintre de fleurs, dessinateur en titre de la classe de physique de l'Institut et du Muséum d'histoire naturelle décrites par *A. J. Decandolle*, membre de la Société des sciences naturelles de Genève, etc. Cet ouvrage paraît par livraison. Chaque livraison contient 6 planches coloriées. Prix de la livraison, format in-folio. 25 f. p. 30 f.

— LE MÊME OUVRAGE. in-4. 12 f. p. 25 f.

Vingt-huit livraisons sont en vente.

ŒUVRES COMPLÈTES DE M. ALEXANDRE DUVAL, membre de l'Institut. 8 vol. in-8., ornés d'un beau portrait. Prix de chaque vol. 6 f. p. 7 f.

ŒUVRES COMPLÈTES DE NAPOLÉON BONAPARTE. 5 vol. in-8. ornés de 3 portraits. *Paris*, 1822. 24 f. p. 30 f.

ŒUVRES DE L. B. PICARD, de l'Académie française. 10 vol. in-8., ornés du portrait de l'auteur. Prix de chaque volume. 6 f. p. 7 f.

ŒUVRES COMPLÈTES DE PIGAULT-LEBRUN. 20 vol. in-8., ornés du portrait de l'auteur. Prix de chaque volume. 7 f. p. 8 f.

ŒUVRES COMPLÈTES DE PLATON, traduites du grec en français par M. Cousin. 9 vol. in-8. ornés d'un beau portrait. Prix de chaque vol. 7 f. 50 c. p. 9 f.

ŒUVRES COMPLÈTES DE VOLNEY, 8 vol. in-8, ornés d'un beau portrait, et de 20 planches. *Paris*, 1822. 48 f. p. 56 f.

VIE POLITIQUE ET MILITAIRE DE NAPOLÉON, par *A. V. Arnault*, ancien membre de l'Institut; ouvrage orné de planches lithographiées d'après les dessins des premiers peintres de l'école française. Les planches seront exécutées par les plus habiles artistes. 2 vol. in folio, ou 30 livraisons contenant 120 tableaux. Ces volumes comprendront chacun quinze livraisons composées de quatre divisions. Chacune de ces divisions sera formée d'un tableau et d'un texte. Chaque livraison contiendra quatre tableaux de format in-folio, grand papier, avec le texte historique. 10 f. p. 12 f.

Deux livraisons sont en vente, les autres se succéderont de mois en mois.

LE RENÉGAT, par M. le vicomte *d'Arlincourt*, auteur du SOLITAIRE. 2 vol. in-8. pap. fin. 7 f. p. 9 f.

— LE MÊME, cinquième édition. 2 vol. in-12. figures, 1822. 5 f. p. 6 f.

LE SOLITAIRE, par M. le vicomte *d'Arlincourt*. Huitième édition, ornée de vignettes dessinées et gravées par *Ambroise Tardieu*. 2 vol. in-12. 1822. 4 f. p. 5 f.

DE L'IMPRIMERIE DE CRAPELET.